Björn Rothe

Schutzrechte für geistiges Eigentum in China und Indien – das TRIPS-Abkommen

IGEL Verlag

Rothe, Björn

Schutzrechte für geistiges Eigentum in China und Indien – das TRIPS-Abkommen

1. Auflage 2009 | ISBN: 978-3-86815-224-1

© IGEL Verlag GmbH , 2009. Alle Rechte vorbehalten.

Die Deutsche Bibliothek verzeichnet diesen Titel in der Deutschen Nationalbibliografie.
Bibliografische Daten sind unter http://dnb.ddb.de verfügbar.

Dieses Fachbuch wurde nach bestem Wissen und mit größtmöglicher Sorgfalt er-
stellt. Im Hinblick auf das Produkthaftungsgesetz weisen Autoren und Verlag darauf hin, dass inhaltliche Fehler und Änderungen nach Drucklegung dennoch nicht
auszuschließen sind. Aus diesem Grund übernehmen Verlag und Autoren keine
Haftung und Gewährleistung. Alle Angaben erfolgen ohne Gewähr.

IGEL Verlag

Inhaltsverzeichnis

Abbildungsverzeichnis

Tabellenverzeichnis

Abkürzungsverzeichnis

AIC	Administration of Industry and Commerce
AIDS	Acquired Immune Deficiency Syndrome
APM	Aktionskreis Deutsche Wirtschaft gegen Produkt- und Markenpiraterie
BIP	Bruttoinlandsprodukt
BMWi	Bundesministerium für Wirtschaft und Technologie
BSA	Business Software Alliance
CD	Compact Disk
CeBIT	Centrum der Büro- und Informationstechnik
CGA	Customs General Administration
chin. MarkenG	chinesisches Markengesetz
chin. PatG	chinesisches Patentgesetz
chin. UrhG	chinesisches Urheberrecht
DIHK	Deutscher Industrie- und Handelskammertag
DPMA	Deutsches Patent- und Markenamt
EU	Europäische Union
FICCI	Federation of Indian Chambers of Commerce and Industry
G8	Gruppe der Acht
ggf.	gegebenenfalls
IFPI	International Federation of the Phonographic Industry
IHK	Industrie- und Handelskammer
IP	Intellectual Property (englisch für geistiges Eigentum)
Mio.	Millionen
Mrd.	Milliarden
NCA	National Copyright Administration
P.R.C.	People's Republic of China
SIPO	State Intellectual Property Office of the P.R.C.

TRIPS	Trade Related Aspects of Intellectual Property Rights
TSB	Technology Supervision Bureau
u. a.	unter anderem
USA	United States of America
USTR	Office of the United States Trade Representative
VR China	Volksrepublik China
WIPO	World Intellectual Property Organization
WTO	Welthandelsorganisation
z. B.	zum Beispiel

1. Einleitung

Das Thema Schutz bzw. Verletzung von geistigem Eigentum ist in Zeiten von globalisierten Märkten allgegenwärtig. So gab es auch dieses Jahr auf der Messe für Informationstechnik und Telekommunikation (CeBIT) eine Razzia, um aufgrund diverser Patent- bzw. Lizenzverstöße gegen einige Hersteller vorzugehen. Auffällig ist, dass es sich in den meisten Fällen um chinesische Firmen handelt (in diesem Fall der chinesische Elektronikhersteller Meizu), die Technologien westlicher Unternehmen kopieren. (Kremp, 2008)

Der wirtschaftliche Schaden westlicher Unternehmen durch Produkt- und Markenfälschungen beträgt jährlich ca. 16 Mrd. US $. Neben den wirtschaftlichen Folgen können „minderwertige" Fälschungen auch direkte Auswirkungen auf die betroffenen Menschen haben. Im Jahr 2001 starben ca. 190.000 Personen aufgrund von Medikamentenfälschungen. Des Weiteren sind Fälle bekannt, in denen es durch minderwertige Bremsbeläge zu Verkehrsunfällen kam. (Tannert, 2007, S. 11)

Bis zur Gründung der Welthandelsorganisation (WTO) und zum Inkrafttreten des TRIPS-Abkommens (Trade-Related Aspects of Intellectual Property Rights) im Jahr 1995 gab es keinen einheitlichen Standard zum Schutz geistigen Eigentums. Seitdem sind die WTO und allen voran die USA an einer zügigen und vollständigen Umsetzung des ausgehandelten Abkommens interessiert. China sowie Indien sind Mitglieder der WTO und damit verpflichtet den im TRIPS-Abkommen zugesicherten Standard zum Schutz geistigen Eigentums einzuhalten.

Das Ziel der vorliegenden Arbeit ist es, den aktuellen Stand der Möglichkeiten zum Schutz geistigen Eigentums in China und Indien aufzuzeigen. Dabei wird im Besonderen auf die Umsetzung der im TRIPS-Abkommen geforderten Mindeststandards eingegangen. Weiterhin sind die Probleme bei der Durchsetzung von Schutzrechten aufzuzeigen und mögliche Ursachen dieser Probleme zu identifizieren. Abschließend sollen, ausgehend von der Ist-Situation in den Ländern China und Indien, Handlungsempfehlungen für Unternehmen abgeleitet werden.

2 Abgrenzung zentraler Begriffe

2.1 China und Indien im Überblick

Im folgenden Abschnitt werden die Länder China und Indien kurz vorgestellt.

China ist mit 1,3 Mrd. Menschen das bevölkerungsreichste Land der Erde. 92 % der Bevölkerung sind Han-Chinesen. Über 50 weitere ethnische Gruppen bilden die restlichen acht Prozent. Die am häufigsten vertretenen Religionen sind Buddhismus, Islam und Taoismus. Die Trennung von Staat und Religion ist in der chinesischen Verfassung verankert. Die riesige Anzahl an potentiellen Kunden macht den chinesischen Markt für ausländische Firmen interessant. Jedoch liegt die Kaufkraft weit hinter der Kaufkraft europäischer Länder zurück. Das BIP pro Kopf beträgt 1200 Euro. (Auswärtiges Amt, 2007) Die Staatsform ist eine Volksrepublik, welche als autoritäres Regierungssystem geführt wird. Die chinesische Regierung lehnt jegliche Form der westlichen Demokratie ab. Deutschland und China pflegen seit 1972 diplomatische Beziehungen. (Heilmann, Charakteristika des politischen Systems, 2006) Seit dem Besuch des Dalai Lamas im Bundeskanzleramt ist das Verhältnis zwischen China und Deutschland angespannt. (Spiegel Online, 2007) Der für Ende 2007 geplante Rechtsdialog wurde kurzfristig von chinesischer Seite abgesagt. (DIE ZEIT, 2007)

Indien ist mit seinen 1,1 Mrd. Menschen die größte Demokratie der Welt und hat mehr als doppelt so viele Einwohner wie die Europäische Union. 1947 erlangte Indien unter der Führung von Mahatma Gandhi die Unabhängigkeit. Zuvor war Indien eine britische Kolonie. Die Landessprachen sind Hindi und Englisch. Die am weitesten verbreiteten Religionen sind der Hinduismus, der Islam und das Christentum. Indien erlebt - genau wie China – in den letzten Jahren ein rasantes Wachstum der Wirtschaft. Das Pro-Kopf-Einkommen beträgt 642 Euro. Die Europäische Union ist neben den USA der wichtigste Handelspartner Indiens. 2006 hat das Handelsvolumen den Wert von 40 Mio. Euro deutlich überschritten. (Auswärtiges Amt, 2007)

2.2 Was ist geistiges Eigentum?

„Intellectual property refers to creations of the mind: inventions, literary and artistic works, and symbols, names, images, and designs used in commerce" (WIPO, 2007). Geistiges Eigentum sind die durch Menschen geschaffenen immateriellen Güter wie Wissen, Ideen oder Erfindungen, aber auch künstlerische Werke wie z. B. Musik. Ein System zum Schutz geistigen Eigentums, wie wir es heute vorfinden, wurde in Europa im 18. Jahrhundert zuerst in England und Frankreich vorangetrieben. (Siegriest, 2006, S. 65)

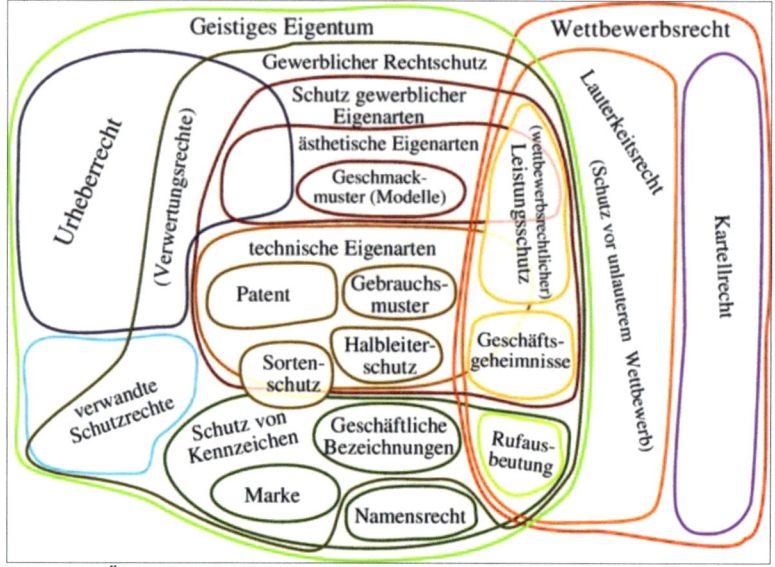

Abbildung 1: Übersicht geistiges Eigentum (Quelle: Wikipedia, 2008)

„Intellectual property is divided into two categories: Industrial property, which includes inventions (patents), trademarks, industrial designs, and geographic indications of source; and Copyright, which includes literary and artistic works such as novels, poems and plays, films, musical works, artistic works such as drawings, paintings, photographs and sculptures, and architectural designs." (WIPO, 2007) Abbildung 1 spiegelt die Komplexität des Begriffs „geistiges Eigentum" wider.

Zu den gewerblichen Schutzrechten gehören u. a. Patente, Marken, Halbleiterschutz, geografische Herkunftsangaben, das Urheberrecht, Betriebsgeheimnisse sowie Geschmacks- und Gebrauchsmuster, auf die im Abschnitt 2.4 dieser Arbeit genauer eingegangen wird. (WIPO, 2005, S. 3)

2.3 Bedeutung von geistigem Eigentum für Unternehmen

Jedes Unternehmen besitzt zwei Arten von Vermögenswerten (englisch: Asset). Zum einen physikalische Assets wie Computer, Fahrzeuge oder Produktionsanlagen, zum anderen immaterielle Assets. Dazu zählen u. a. Ideen, Prozesse, Erfindungen, Technologien und Kreativität eines Unternehmens. Immaterielle Vermögenswerte können ferner in vier Kategorien unterteilt werden. Zu den *„Market Assets"* gehören der Kundenstamm, die Vertriebskanäle sowie entsprechende Lizenzen, z. B. für die Nutzungsrechte einer Marke. Unter *„Human Assets"* versteht man die unternehmerischen Fähigkeiten der Mitarbeiter wie Kreativität, Führungsstärke oder Probleme lösen zu können. *„Infrastructure Assets"* umfassen die Abläufe und Strukturen, welche ein effektives Arbeiten ermöglichen. Dazu zählen auch die Unternehmenskultur und die Internetpräsenz. *„IP Assets"* beinhalten einerseits die Ergebnisse aus Forschung und Entwicklung (Patente, Geschmacks- und Gebrauchsmuster), andererseits das Know-how, eigene Marken sowie Betriebsgeheimnisse. Die Verteilung der immateriellen Vermögenswerte ist von Unternehmen zu Unternehmen unterschiedlich. Bei einem Pharmaunternehmen liegt womöglich der Schwerpunkt in dem Bereich Patente, bei Konsumgüterherstellern spielen Marken eine wichtigere Rolle. (Yang, Intellectual Property and Doing Business in China, 2003, S. 61-66)

Eine Umfrage der Financial Times zeigt, dass sich nur wenige Unternehmen über den Wert ihres geistigen Eigentums bewusst sind. Von den 500 befragten Unternehmen gaben nur 24 % an, ihren immateriellen Assets einen Wert zuzuweisen. Tabelle 1 zeigt den Anteil der immateriellen Vermögenswerte am Gesamtwert ausgewählter Unternehmen. (Yang, Intellectual Property and Doing Business in China, 2003, S. 67)

Unternehmen	Branche	Anteil in %
Disney	Unterhaltung	71
Heinz	Nahrungsmittel	85
Johnson & Johnson	Medizintechnik	88
Merck & Company	Pharmabranche	93
Microsoft	Software	97
Philip Morris	Tabak	79
Nike	Kleidung	76
Proctor and Gamble	Konsumgüter	89
Yahoo	Internet	99

Tabelle 1: Anteil immaterieller Vermögenswerte am Unternehmenswert (Quelle: Yang, Intellectual Property and Doing Business in China, 2003, S. 67)

Der hohe Anteil unterstreicht die Wichtigkeit von immateriellen Vermögenswerten als Erfolgsfaktor für ein Unternehmen. Es ist daher oberste Priorität diese Werte zu schützen, wie es bei materiellen Werten von jeher selbstverständlich ist. Zum Beispiel sollte eine Erfindung durch ein Patent geschützt werden. Dieses ermöglicht dem Unternehmen für einen begrenzten Zeitraum die alleinige Nutzung und Vermarktung. Auf diesem Weg können die Kosten für Forschung und Entwicklung wieder eingenommen werden. Im Folgenden werden die am häufigsten in Anspruch genommenen Schutzrechte genauer erläutert. (Yang, Intellectual Property and Doing Business in China, 2003, S. 67-71)

2.4 Gewerbliche Schutzrechte

Patente schützen technisches Wissen in Form von Erzeugnissen, Verfahren, Verrichtungen oder Anordnungen. Ein Patent muss drei Bedingungen erfüllen: (1) Das Wissen muss neu sein und darf nicht auf Basis vorheriger Technologien aufbauen. (2) Es dürfen keine offensichtlichen Verbesserungen vorhandener Technologien sein. (3) Das Wissen muss einen praktischen Nutzen mit sich bringen. Nach der Anmeldung sowie der Genehmigung wird das Wissen offen gelegt. Der Pateninhaber hat jedoch das alleinige Nutzungsrecht, kann aber über Lizenzierung die Verfügungsrechte an Dritte ganz oder teilweise abtreten. Ansonsten ist es Drittparteien untersagt auf das Patent zurückzugreifen. Dazu zählen das Anbieten, Importieren oder der Verkauf von Waren oder Dienstleistungen, die ganz oder teilweise durch ein Patent geschützt sind. Nach internationalem Standard haben Patente eine Gültigkeitsdauer von 20 Jahren. (Tannert, 2007, S. 20; WIPO, 2005, S. 5-9)

Technisch weniger komplexe Erfindungen können als *Gebrauchsmuster* registriert und geschützt werden. Dieses Schutzrecht wird häufig für mechanische Erfindungen, welche nur über einen kurzen Zeitraum wirtschaftlich genutzt werden, in Anspruch genommen. Die Voraussetzungen für eine erfolgreiche Anmeldung eines neuen Gebrauchsmusters sind nicht so streng wie bei den Patenten. So muss der oben genannte Punkt 2 (Es dürfen keine offensichtlichen Verbesserungen vorhandener Technologien sein.) nicht erfüllt sein. Die Dauer des Schutzes beträgt zwischen sieben und zehn Jahren. Die Kosten für die Anmeldung liegen in der Regel unter denen eines Patentes. (WIPO, 2005, S. 8-9)

Aus der Sicht eines Unternehmens haben *Marken*[1] zwei wichtige Funktionen. Zum einen dienen sie zur Differenzierung von Wettbewerbern und

---

[1]   Synonyme in der Literatur: Markenzeichen, Handelsmarken, marks, brands

als Qualitätssignal. Zum anderen schaffen sie Eintrittsbarrieren gegenüber Wettbewerbern. (Homburg & Krohmer, 2003, S. 516-517) Markenrechtsverletzer haben durch die Nutzung „fremder" Marken einen Kostenvorteil, da sie nicht in den Aufbau von „Goodwill" einer Marke investieren müssen. Des Weiteren kann dem Markenrechtsinhaber durch Markenfälschungen auf zwei Arten Schaden zugefügt werden. Einerseits durch den geringeren Absatz eigener Markenprodukte, andererseits besteht bei „billigen" Fälschungen die Gefahr eines „Goodwill-Verlusts" der kopierten Marke. (Tannert, 2007, S. 22)

Um den unzulässigen Gebrauch von Marken durch Dritte zu verhindern, ist der Markenschutz im TRIPS-Abkommen verankert. Der Markenschutz umfasst die Beschreibung von Marken in Form von Buchstaben, Ziffern, Bildern, Zeichen und Farben sowie jede Kombination aus den genannten Formen. Dreidimensionale Designs (z. B. Coca-Cola-Flasche) sowie Audio Jingles (z. B. Telekom Jingle), die eindeutig einer Marke zugeordnet werden können, sind ebenfalls schützbar. Der Markeninhaber hat das alleinige Recht zur Verwendung der eingetragenen Marke. Dritten ist es nicht erlaubt eine registrierte Marke sowie eine ähnlich klingende Marke zu verwenden. Der Markenschutz ist auf sieben Jahre begrenzt, kann aber beliebig oft verlängert werden. Markenrechte können ähnlich wie Patente ganz oder teilweise durch Lizenzierung auf Dritte übertragen werden. (Tannert, 2007, S. 23; WIPO, 2005, S. 10)

Geografische Herkunftsangaben werden insbesondere bei Lebensmitteln dazu genutzt, um ein Produkt aufzuwerten bzw. es von konkurrierenden Produkten zu differenzieren. Dazu wird der Ort oder die Region, aus welcher das Produkt stammt, mit in den Produktnamen eingebettet, z. B. „Tuscany" für ein Olivenöl aus der Region Toskana in Italien. Dritten ist es untersagt durch falsche Herkunftsangaben auf ihren Produkten den Konsumenten zu täuschen. (WIPO, 2005, S. 15-16)

Das Urheberrecht umfasst den Schutz von künstlerischen Werken wie Bücher, Musik, aber auch technologiebasierte Produkten wie Software oder elektronische Datenbanken. Der Autor bzw. der Rechteinhaber hat das alleinige Recht auf Verwertung. Die im TRIPS-Abkommen verankerte Mindestschutzdauer beträgt 50 Jahre. (WIPO, 2005, S. 17)

2.5 Internationale Organisationen und Abkommen

Das TRIPS-Abkommen und die Gründung der Welthandelsorganisation im Jahr 1995 stellen die aktuellste Entwicklung im Bereich des Schutzes von geistigem Eigentums auf globaler Ebene dar. Vorher gab es bereits weitere internationale Abkommen, die auch heute noch den Schutz von Immaterialgütern zwischen verschiedenen Ländern regeln. Deshalb werden im Folgenden die wichtigsten Abkommen in Bezug auf China und Indien vorgestellt. Eine vollständige Übersicht aller Abkommen zeigt Tabelle 2.

2.5.1 Internationale Abkommen bis 1994

Im Jahr 1863 wurde mit der *Pariser Verbandsübereinkunft zum Schutz des gewerblichen Eigentums* das erste wichtige internationale Abkommen zum Schutz geistigen Eigentums verabschiedet. Das Abkommen umfasst den Schutz von Patenten, Marken und Gebrauchsmustern. Ferner gesteht Artikel 4 der Pariser Verbandsübereinkunft einer Person nach Anmeldung eines Patentes oder einer Marke das Recht auf Erstanmeldung in allen weiteren Staaten innerhalb der Union[2] zu. Dieses gilt für einen Zeitraum von einem Jahr für Patente bzw. sechs Monate für Gebrauchsmuster. Wird z. B. eine neue Marke in Deutschland angemeldet, hat der Antragsteller innerhalb der nächsten sechs Monate ein Vorrecht diese Marke in den restlichen Ländern der Union anzumelden. China unterzeichnete die Pariser Verbandsübereinkunft Im Jahre 1985, Indien 1998. (Bagchi, 2007, S. 18; Tannert, 2007, S. 38; WIPO, 2005)

Der *Berner Übereinkunft zum Schutz von Werken der Literatur und Kunst* traten Indien 1928 und China 1992 bei. Sie umfasst den Schutz jeglicher Produkte in literarischer, wissenschaftlicher oder künstlerischen Form. Darunter fallen z. B. Bücher, Musik oder Kinofilme. (WIPO, 2005)

Das *Madrider Abkommen über die Unterdrückung falscher oder irreführender Herkunftsangaben auf Waren von 1891* verbot den Handel bzw. den Verkauf von Gütern, die in Bezug auf ihre Herkunft vorsätzlich falsch oder irreführend gekennzeichnet sind (vgl. Definition geografische Herkunftsangaben). Weder China noch Indien haben bis heute dieses Abkommen unterzeichnet.

Der *Vertrag über die internationale Zusammenarbeit auf dem Gebiet des Patentwesens* aus dem Jahre 1970 ermöglicht eine internationale Anmeldung eines Patentes mit nur einer Anmeldung. Diese muss entweder beim nationalen Patentamt (in Deutschland: Deutsches Patent und Markenamt), oder beim „International Bureau of WIPO" in Genf erfolgen. Nach einer erfolgreichen Anmeldung ist das Patent in 138 Staaten geschützt, darunter China (seit 1994) und Indien (seit 1998). (WIPO, 2005)

---

[2] Eine Union bezeichnet alle Länder, die das Abkommen unterzeichnet haben.

Das Madrider Protokoll über die internationale Registrierung von Marken aus dem Jahr 1989 vereinfacht die internationale Anmeldung von Marken. Es ist nunmehr möglich eine Marke durch eine Anmeldung in der gesamten Union zu schützen. Durch diese Vereinfachung können Unternehmen Zeit und Kosten sparen. Zum jetzigen Zeitpunkt haben 75 Länder, darunter China (1989), das Madrider Protokoll unterzeichnet. (WIPO, 2005)

Abkommen	Inhalt	Inkrafttreten China	Inkrafttreten Indien
Berner Übereinkunft	Schutz von Kunst und Literatur	1992	1928
Budapester Abkommen	Hinterlegung von Mikroorganismen	1995	2001
Locarno Abkommen	Internationale Klassifikation von Mustern und Modellen	1996	---
Madrider Markenabkommen	Registrierung von Marken	1989	---
Madrider Protokoll	Registrierung von Marken	1995	---
Nairobi Abkommen	Schutz der Olympischen Symbole	---	1983
Pariser Verbands-Übereinkunft	Schutz gewerblichen Eigentums	1985	1998
Patent Coorperation Treaty (PCT)	Internationale Patentanmeldungen	1994	1998
Phonograms Convention	Schutz von Tonträgern	1993	1975
Römer Abkommen	Schutz von Lautzeichen und Übertragung (Rundfunk)	---	nur unterschrieben[3]
Straßburger Abkommen	Klassifizierung von Patenten	1997	---
Trademark Law Treaty	Vorgaben für die Registrierung von Marken	nur unterschrieben[4]	---
WIPO Urheberrechts-Abkommen	Schutz von Software und elektronischen Datenbanken	2007	---
WIPO Vertrag	Gründung WIPO	1980	1975

Tabelle 2: Übersicht internationaler Abkommen (Quelle: WIPO, 2005)

---

[3] Indien hat das Abkommen bereits unterschrieben, es wurde aber noch nicht umgesetzt.
[4] China hat das Abkommen bereits unterschrieben, es wurde aber noch nicht umgesetzt.

2.5.2 Die "World Intellectual Property Organization"

Die "World Intellectual Property Organization" (im Folgenden WIPO genannt) wurde im Jahr 1970 gegründet und trat als direkte Nachfolgeorganisation der BIRPI (Bureaux Internationaux Réunis pour la Protection de la Propriété Intellectuelle) an. Als Grundlage dient der Organisation das „Übereinkommen zur Errichtung einer Weltorganisation für geistiges Eigentum", welches 1967 in Stockholm unterzeichnet wurde. Heute haben insgesamt 184 Staaten das Abkommen unterzeichnet und sich der Organisation angeschlossen. Darunter sind auch China (1980) und Indien (1975). Seit 1974 ist die WIPO eine Teilorganisation der Vereinten Nationen. (Bagchi, 2007, S. 13-19)

Die Organisation verfolgt zwei Ziele. Zum einen fördert sie den Schutz geistigen Eigentums durch internationale Zusammenarbeit und Abkommen. Zum anderen übernimmt sie administrative Aufgaben zur Umsetzung der ausgehandelten Verträge zwischen den Staaten. Dazu gehört zum Beispiel das „International Bureau of WIPO", welches für die Registrierung von internationalen Patenten im Sinne des „Vertrags über die internationale Zusammenarbeit auf dem Gebiet des Patentwesens" zuständig ist. (WIPO, 1998)

2.5.3 Die Uruguay-Runde und das TRIPS-Abkommen

1986 begann eine achtjährige Verhandlungsphase zwischen den westlichen Industrienationen und Entwicklungsländern. Das Ziel der so genannten Uruguay-Runde war die Liberalisierung des Welthandels, die Öffnung der Agrarmärkte sowie die Einführung von weltweiten Standards zum Schutz geistigen Eigentums. In den ersten drei Jahren konnten keine nennenswerten Ergebnisse erzielt werden, da eine Gruppe von Entwicklungsländern, angeführt von Indien und Brasilien, die Verhandlungen blockierten. Diese Staaten sahen die Gefahr einer Monopolstellung der westlichen Industrienationen, sollte es zu der geplanten Einführung eines weltweiten Standards zum Schutz geistigen Eigentums kommen. (Bagchi, 2007, S. 26-28)

Mit dem „Omnibus Trade and Competiveness Act" von 1988 schufen sich die Vereinigten Staaten von Amerika ein Instrument, um gegen Länder vorzugehen, die einen adäquaten und effektiven nationalen Schutz von geistigem Eigentum verwehrten. Das so genannte „Special 301"-Verfahren ermöglichte den USA die entsprechenden Länder entweder auf die „watch list" oder die „priority watch list" zu setzen. Sollte sich die Situation in den betroffenen Ländern innerhalb einer Frist von sechs Monaten nicht ändern, drohen wirtschaftliche Sanktionen in Form von Strafzöllen oder Importquoten. (Tannert, 2007, S. 39)

1988 wurden Indien, Thailand und China auf die „priority watch list" gesetzt. Begründet wurde dieses Vorgehen mit einem unzureichenden Patentschutz für pharmazeutische Produkte. Ferner sollten Indien, Thailand und China durch die Erhöhung des politischen und wirtschaftlichen Drucks zur Beendigung ihrer Blockadepolitik bei der Uruguay-Runde gezwungen werden. Daraufhin zeigten China und Thailand Kompromissbereitschaft. 1989 trat China dem „Madrider Protokoll über die internationale Registrierung von Marken" bei. 1991 und 1995 konnte China durch eine gemeinsame Absichtserklärung mit den USA wirtschaftliche Sanktionen in letzter Minute verhindern. Darunter fielen eine Überarbeitung des chinesischen Patentgesetzes von 1984 sowie die Verabschiedung eines Gesetzes gegen unlauteren Wettbewerb. (Bagchi, 2007, S. 29; Tannert, 2007, S. 39)

Indien ignorierte zunächst die Forderungen der USA. Daraufhin wurden bereits zugesicherte Zollsenkungen auf pharmazeutische Produkte nicht umgesetzt. Dies führte für die betroffenen indischen Unternehmen zu einem Verlust von 60 Mio. US $. Ab Juli 1989 konnten die Verhandlungen in der Uruguay-Runde wieder aufgenommen werden. (Bagchi, 2007, S. 30)

1994 wurde das Marrakesh-Abkommen verabschiedet, welches die Gründung der Welthandelsorganisation (WTO) nach sich zog. Eine Bedingung für eine Mitgliedschaft in der WTO war die Anerkennung des ebenfalls aus der Uruguay-Runde entstandenen TRIPS-Abkommens. TRIPS steht für *"Agreement on Trade-Related Aspects of Intellectual Property Rights"* und war das seit den 80ern, vor allem durch die USA angestrebte, (Hu Li, 2006, S. 728-732; Yang, The development of intellectual property in China, 2003, S. 138), Abkommen für internationale Standards zum Schutz geistigen Eigentums. (Tannert, 2007, S. 39-41; Bagchi, 2007, S. 30-34) Für das TRIPS-Abkommen gelten die Prinzipien der Inländerbehandlung und der Meistbegünstigung. Inländerbehandlung bedeutet in diesem Fall, dass ein Staat andere Mitglieder bezüglich Verfügbarkeit, Erwerb, Umfang, Aufrechterhaltung, Durchsetzung und Ausübung von Rechten des geistigen Eigentums wie Inländer behandeln muss. (Weber, 2002, S. 528) Meistbegünstigung bedeutet, dass ein Mitgliedsstaat keinen anderen Mitgliedsstaat aus handelspolitischer Sicht bevorzugen darf. (Weber, 2002, S. 906)

Das Abkommen enthält Vorgaben für folgende Schutzrechte und deren gerichtliche Durchsetzung, welche von den Unterzeichnern ins jeweilige nationale Recht umgesetzt werden müssen: (1) Urheberrecht, (2) Marken, (3) Geografische Herkunftsangaben, (4) Gewerbliche Muster und Modelle, (5) Layout-Design integrierter Schaltkreise, (6) Schutz nicht offenbarter Informationen, (7) Patente, (8) Kontrolle wettbewerbswidriger Praktiken in vertraglichen Lizenzen. (Bagchi, 2007, S. 35-36) Die wichtigsten Schutzrechte wurden im Abschnitt 2.4 erläutert.

2.5.4 Die Rolle der Bundesrepublik Deutschland

Neben den in den vorangegangenen Kapiteln erwähnten internationalen Abkommen setzt sich auch die Bundesregierung für die Einhaltung von Eigentumsrechten in den Ländern China und Indien ein. Dies erfolgt einerseits durch wirtschaftspolitische Gespräche, andererseits durch bilaterale Zusammenarbeit. So arbeitet das Deutsche Patent- und Markenamt (DPMA) seit 1981 mit dem „Staatlichen Amt für Geistiges Eigentum" (SIPO) in China zusammen. Weitere Projekte sind u. a. die Schulung von Mitarbeitern des chinesischen Staatlichen Amtes für den Schutz des geistigen Eigentums im Marken- und Patenrecht bzw. die Schulung von Mitarbeitern des indischen Patentamtes. Die Bundesregierung verfolgt eine Strategie der „Kooperation statt Konfrontation". (BMWi, 2007)

Der Aktionskreis Deutsche Wirtschaft gegen Produkt- und Markenpiraterie e.V. (APM) ist eine 1997 gegründete Organisation, die „auf den unterschiedlichsten Ebenen gegen Marken- und Produktpiraterie [arbeitet]. Neben neutraler Öffentlichkeitsarbeit und der Unterstützung von Politik und Behörden dient APM dem branchenübergreifenden Informationsaustausch und unterstützt die Mitgliedsunternehmen in Fällen der Verletzung gewerblicher Schutzrechte." (APM, 2006)

Während des G8-Gipfels in Heiligendamm konnte die Initiative „Förderung und Schutz von Innovationen" vorangetrieben werden. Diese Initiative beinhaltet zum einen konkrete Projekte, wie z. B. die Einrichtung eines elektronischen Informationssystems für Zollbehörden (vgl. Kapitel 3.2.2.2), zum anderen die Intensivierung des Dialogs mit „Problemländern", zu denen auch China und Indien gehören. (BMWi, 2008)

3 Der Schutz geistigen Eigentums in China und Indien

3.1 Ausmaß der Rechtsverletzung durch chinesische und indische Unternehmen

Die Europäische Kommission veröffentlicht jährlich einen Bericht über Güter, die aufgrund von Rechtsverletzungen bei der Einfuhr in die EU beschlagnahmten wurden. Dazu zählen jegliche Verletzungen der in Abschnitt 2.4 vorgestellten gewerblichen Schutzrechte. Der Bericht aus dem Jahr 2006 identifiziert China mit 79 Prozent als Hauptherkunftsland der gefälschten Produkte. Indien hat im Vergleich zu China nur einen geringen Anteil von einem Prozent, liegt aber in der Rangliste mit fünf weiteren Ländern auf Platz drei. (Europäische Kommission, 2006, S. 4)

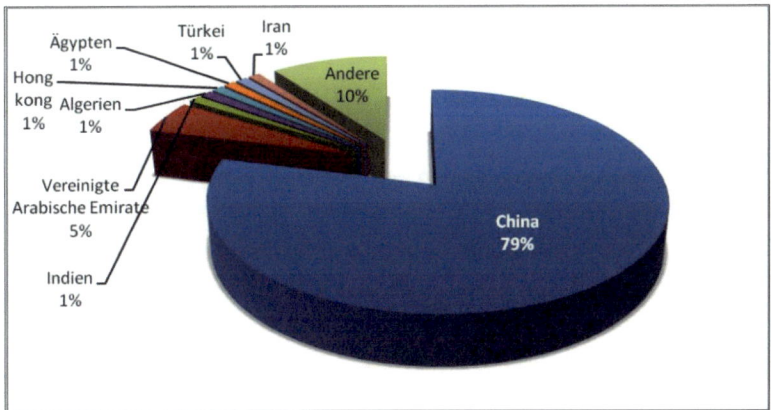

Abbildung 2: Herkunftsländer von Produktfälschungen (Quelle: eigene Darstellung, Daten: Europäische Kommission 2006, 4)

Ein ähnliches Bild zeichnet sich an den Grenzen der Vereinigten Staaten ab. Dort liegt China mit 80 Prozent als Herkunftsland gefälschter Produkte ebenfalls auf Platz eins. (Navaro, 2007, S. 6)

Die Zahl der Fälschungen, die der deutsche Zoll aus dem Verkehr gezogen hat, ist zwischen 1995 und 2006 um fast das 20-Fache angestiegen und weist einen exponentiellen Trend auf. (Vgl. Abbildung 3) Dies ist zum einen auf verstärkte Kontrollen zurückzuführen, zum anderen weisen die Zahlen aber auch auf eine verschärfte Problemlage hin. Im Jahr 2006 hat der deutsche Zoll Plagiate im Wert von 1,2 Mrd. Euro beschlagnahmt. (BMWi, 2008, S. 17)

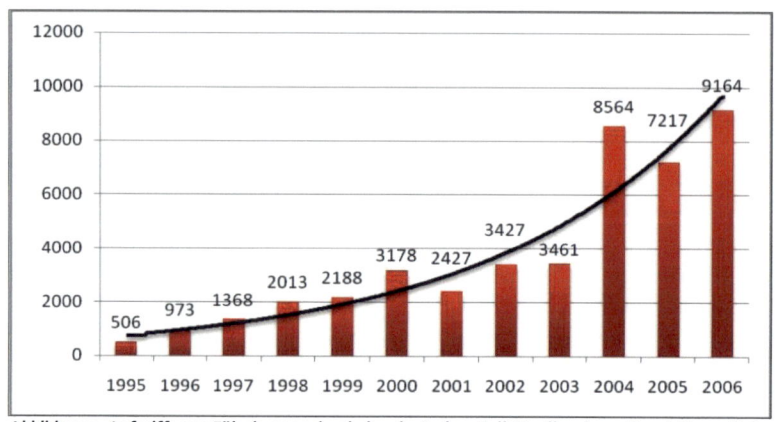

Abbildung 3: Aufgriffe von Fälschungen durch den deutschen Zoll (Quelle: eigene Darstellung, Daten: BMWi, 2008)

Der Schaden durch Produktpiraterie und Patentverletzungen für die deutsche Wirtschaft beträgt jährlich ca. 25 Milliarden Euro. (Haag, 2005)

Einen Überblick, in welchem Ausmaß die in dieser Untersuchung betrachteten Ländern China und Indien in den jeweiligen Produktkategorien „tätig" sind, zeigt Tabelle 3. Während Indien sich auf den Export von gefälschten/imitierten Medikamenten und Kleidung spezialisiert hat, ist China in allen Produktkategorien (bis auf Nahrungsmittel) nennenswert vertreten.

	China	Indien
Nahrungsmittel	1%	<1%
Parfüm u. Kosmetik	37%	<1%
Kleidung	63%	5%
Elektronische Geräte	61%	<1%
Computer Hardware	47%	<1%
CDs, DVDs	88%	<1%
Uhren und Schmuck	72%	<1%
Spielzeug	85%	<1%
Zigaretten	83%	<1%
Medikamente	20%	31%

Tabelle 3: Herkunft gefälschter Produkte in Europa (Quelle: Europäische Kommission 2006, S. 12)

Für eine im Juli 2007 veröffentlichte Studie der DIHK und des Aktionskreises Deutsche Wirtschaft gegen Produkt- und Markenpiraterie (APM) wurden 3300 zufällig ausgewählte Unternehmen aus elf verschiedenen Branchen angeschrieben und zu ihren Erfahrungen mit ihren geschäftlichen Kontakten in der VR China befragt.

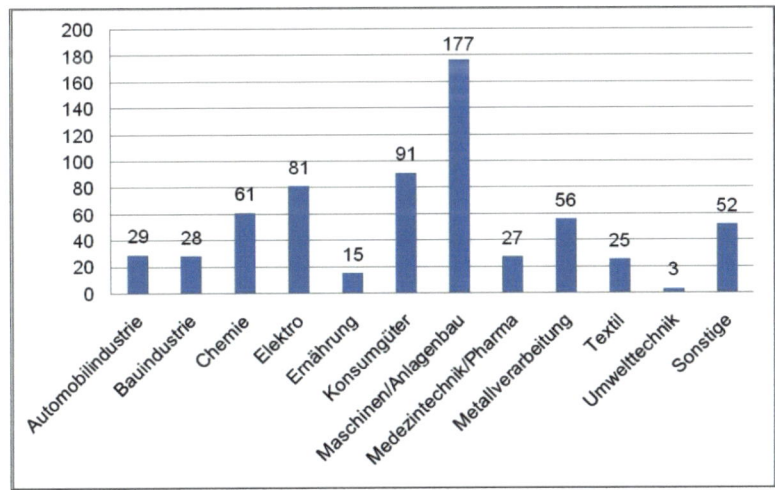

Abbildung 4: Stichproben nach Branchen der DIHK Studie 2007 (Quelle: eigene Darstellung, Daten: DIHK und APM, 2007, S. 2)

Etwa 60 Prozent der Unternehmen sind in China aktiv. Das beinhaltet entweder eine Unternehmenskooperation, ein Joint Venture, ein Tochterunternehmen oder eine eigene Außenstelle. Die Befragung zeigt, dass alle Branchen von Produkt- und Markenpiraterie betroffen sind, gleichwohl sind die technologielastigen und innovativen Branchen besonders stark betroffen. Dazu zählen die Umwelttechnik, Konsumgüter, Maschinenbau sowie die Automobil- und Bauindustrie. Von den in China aktiven Unternehmen haben ca. 46 % mit Produkt- und Markenpiraterie zu kämpfen. Von denen, die kein Engagement in China betreiben, sind es 21 %. Ein Verzicht auf ein Engagement in China schützt somit nicht vor Piraterie. (DIHK und APM, 2007, S. 1-3)

Die Untersuchung zeigt weiter, dass knapp 80 % Prozent der (noch) nicht betroffenen Unternehmen keine Schutzrechte (z. B. Patente) in China angemeldet haben, bei den betroffenen Unternehmen haben 52 % weder Produkte noch Marken schützen lassen. Eine Schutzrechtsanmeldung findet in vielen Fällen erst im Nachhinein statt. Vier Prozent der Unternehmen ohne Schutzrechtsanmeldung verfolgen eine andere Strategie, um sich vor Produkt- und Markenpiraterie zu schützen, z. B. in Form von Geheimhaltung.

Auffällig ist, dass kleine Unternehmen mit weniger als 500 Mitarbeitern kaum von den vorhandenen Schutzrechten in China Gebrauch machen. Als Gründe kommen hier Informationsdefizite sowie die Kosten der Anmeldung bzw. des Rechtsschutzes in Frage. (DIHK und APM, 2007, S. 5-7)

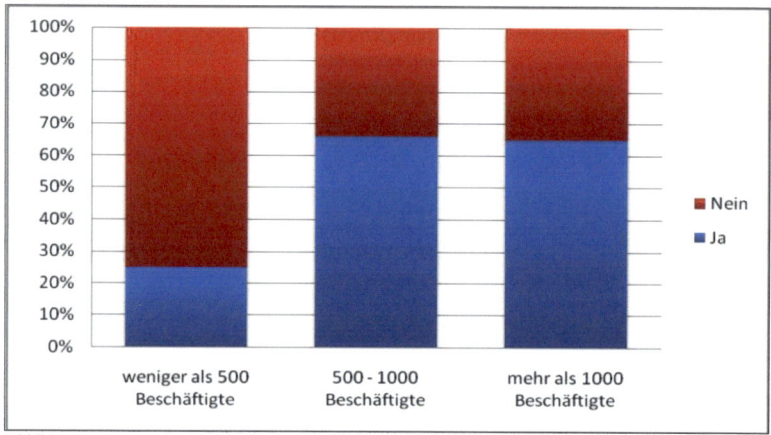

Abbildung 5: Haben Sie Schutzrechte in China angemeldet? (Quelle: eigene Darstellung, Daten: DIHK und APM, 2007, S. 6)

Laut einer Umfrage der IHK Pfalz aus dem Jahr 2004 leiden 62 % der befragten Unternehmen unter Missbrauch ihrer Marke, bei 35 % kommt es zu Verletzungen von bereits angemeldeten Patenten, 24 % melden Geschmacksmusterverletzungen, 15 % ein Vergehen gegen das Urheberrecht und 6 % berichten über eine Nachahmung von Gebrauchsmustern. Der dieser Umfrage zugrunde liegende Datensatz umfasst nur 38 große und mittelständische Unternehmen. Aus diesem Grund sind die Ergebnisse zwar nicht repräsentativ, lassen aber einen Trend zur Verletzung von geistigem Eigentum in China erkennen. (Blume, 2004, S. 1)

Die Business Software Alliance (BSA) ist ein Zusammenschluss von Softwareunternehmen mit dem Ziel die Rechte der eigenen Computerprogramme durchzusetzen. Zu deren Mitgliedern gehören unter anderem Microsoft, Apple, IBM, Intel und SAP. Die BSA führt in regelmäßigen Abständen eine Studie durch, um die Ausmaße der Benutzung von unlizenzierter Software festzustellen. Die zuletzt veröffentlichte Studie aus dem Jahr 2006 identifiziert sowohl China als auch Indien als Hochburgen für illegal eingesetzte Software. Tabelle 4 zeigt den Anteil an unlizenzierter Software bei PCs. (BSA, 2006)

	2006	2005	2004	2003
China	82%	86%	90%	92%
Indien	71%	72%	74%	73%
Asien	55%	54%	53%	53%
Deutschland	28%	27%	29%	30%
EU	36%	36%	35%	37%

Tabelle 4: „Piracy Rate" in China und Indien (Quelle: eigene Darstellung BSA, 2006)

China gehört zu den größten „Raubkopierern" weltweit. Nur 18 % der in China eingesetzten Software wurde legal erworben. Sowohl Indien als auch China liegen über der durchschnittlichen „Piracy Rate" von 55 % für Asien. Zum Vergleich: In Deutschland liegt der Anteil an „Raubkopien" bei 28 %, in der Europäischen Union bei 36 %. (BSA, 2006)

Die International Federation of the Phonographic Industry (IFPI) ist ein Interessenverband der Musikindustrie zur Wahrung der Urheberrechte. Die 2006 von der IFPI veröffentlichte Studie bezeichnet China als „größten Markt für unlizenzierte Musik CDs". Mehr als 85 % aller verkauften Musik CDs sind „Raubkopien". (IFPI, 2006)

3.2 Der Schutz geistigen Eigentums in China

Mit dem Beitritt zur WTO im Dezember 2001 musste China die Vorgaben aus dem TRIPS-Abkommen ins nationale Recht übernehmen. Auf Drängen der USA musste dies unverzüglich und nicht wie für Entwicklungsländer vorgesehen über einen Zeitraum von mehreren Jahren geschehen.

Die chinesische Regierung erhofft sich, durch die Einführung neuer Gesetze die inländische Innovationsrate anzukurbeln sowie das Umfeld für ausländische Investitionen in den Technologiestandort China zu verbessern. Den Chinesen ist mittlerweile bewusst, dass der Schutz von Eigentumsrechten eine Voraussetzung für ein langfristiges Wirtschaftswachstum ist. (Wang, 2004, S. 254)

3.2.1 Gesetze zum Schutz von geistigem Eigentum

3.2.1.1 Das Chinesische Patentgesetz

Der Aufbau eines chinesischen Patensystems erfolgte Anfang der 80er Jahre. Das heutige Patentgesetz (*„The Patent Law of the People's Republic* *of China*") basiert auf dem ersten chinesischen Patentgesetz von 1984. 1992 wurde es auf der Grundlage der Verhandlungen der Uruguay-Runde überarbeitet. Als erstes wurde der Patentschutz auf Mikroorganismen ausgedehnt. Somit umfasst das chinesische Patentgesetz jetzt auch den Schutz von Erfindungen aus den Bereichen Nahrung, Getränke, Aromata, chemische Substanzen und Medikamente, so wie es das TRIPS-Abkommen vorsieht. Seit jeher schützt das Gesetz technische Erfindungen, Gebrauchsmuster und Produktdesigns. Die zweite Änderung erweitert die Rechte der Patentinhaber. Sie haben nunmehr das Recht, Dritten „Herstellung, Gebrauch, Anbieten zum Verkauf, Verkauf oder diesen Zwecken dienende Einfuhr" (TRIPS, Artikel 28) zu verbieten. Ferner wurde die Schutzdauer für Erfindungen auf 20 und die für Gebrauchsmuster und Produktdesigns auf 10 Jahre verlängert. Die letzte bedeutende Änderung betraf die „Benutzung [eines Patentes] ohne Zustimmung des Rechtsinhabers". (TRIPS, Artikel 31) Dies ermöglicht es der Regierung auf Patente zurückzugreifen, wenn „ein nationaler Notstand oder sonstige Umstände von äußerster Dringlichkeit vorliegen". (TRIPS, Artikel 31) Im Falle einer Pandemie hätte die Regierung das Recht auf medizinische Patente zurückzugreifen, um ausreichend Medikamente herzustellen. (Yang & Bosworth, The influence of the WTO on patenting activities in China, 2002, S. 294-296)

Die Anmeldung erfolgt nach dem „first-to-file" Prinzip. Das bedeutet, dass bei der Anmeldung von zwei gleichen Patenten derjenige das Patent zugesprochen bekommt, der es als erster angemeldet hat. Ob diese Person wirklich die zu schützende Technologie entwickelt hat, spielt keine Rolle. Diese Vorgehensweise ermöglicht es den Chinesen westliche Technologien unter eigenem Namen in China anzumelden. Für westliche Unternehmen wird in diesem Fall die Durchsetzung von Eigentumsrechten nahezu unmöglich. (Yang & Bosworth, The influence of the WTO on patenting activities in China, 2002, S. 282-284)

Die Kriterien für eine erfolgreiche Anmeldung eines neuen Patents sind mit den international üblichen Anforderungen identisch. Die Erfindung muss neu sein und darf nicht auf der Basis vorheriger Technologien aufbauen. Es dürfen keine offensichtlichen Verbesserungen vorhandener Technologien sein und die Erfindung muss einen praktischen Nutzen mit sich bringen. (People's Republic of China, 2002)

Nicht angemeldet werden dürfen

- Methoden zur Diagnose oder Behandlung von Krankheiten,
- Regelungen und Methoden für geistige Aktivitäten,

- Wissenschaftliche Entdeckungen,
- Substanzen, die Möglichkeiten zur nuklearen Kernumwandlung enthalten,
- Tier- und Pflanzenzüchtungen. (chin. PatG, Artikel 25)

Für die Begutachtung und Registrierung von neuen Patenten ist die 1998 von "Patent Office" in "State Intellectual Property Office" (SIPO) umbenannte Behörde zuständig. (State Intellectual Property Office, 2007)

Die neueste Entwicklung auf dem Gebiet des Patentschutzes in China ist die im Januar 2006 begonnene Umsetzung eines Aktionsplans der chinesischen Regierung. Diese soll im Jahr 2008 abgeschlossen sein und umfasst zum einen die Überarbeitung der Voraussetzungen für ein neues Patent, zum anderen werden umfangreiche Schulungen für die Mitarbeiter des SIPO durchgeführt mit dem Ziel die Korruptions- und Betrugsvorfälle in der Behörde zu verringern. Ferner wurden Beschwerdezentren in 50 Städten eingerichtet. (Ennis & Alaimo, 2007; BMWi, 2008) Im Abschnitt 3.2.2 wird detaillierter auf die Probleme bei der Durchsetzung von Eigentumsrechten eingegangen.

3.2.1.2 Das Chinesische Markengesetz

Das Markengesetz wurde 1983 eingeführt und 1993 sowie 2001 an die TRIPS-Vorgaben angepasst. Warenzeichen, Dienstleistungsmarken, Beschaffenheitsangaben einschließlich geografischer Herkunftsangaben, Angaben über Bestandteile und Herstellungsverfahren werden durch das chinesische Markengesetz geschützt. (Art. 3 chin. MarkenG) Schützbar ist jedes sichtbare Zeichen in Form von Wörtern, Buchstaben, Zahlen, Bildern, Farben, dreidimensionalen Figuren oder deren Kombination. (Art. 8 chin. MarkenG) Die Anmeldung erfolgt wie bei den Patenten nach dem „first-to-file" Prinzip. (Chris, 2007, S. 43) Als Voraussetzung für die erfolgreiche Anmeldung müssen Marken nach Art. 9 unterscheidungsfähig sein und dürfen nicht mit Rechten anderer kollidieren. Das Eintragen von Hör- oder Geruchsmarken ist nicht möglich. (Fuchs, 2006, S. 171) Der Markenschutz muss in China explizit für jede Marke beantragt werden. Hat ein Unternehmen eine Marke im Ausland angemeldet, so besitzt es für einen Zeitraum von sechs Monaten ein Prioritätsrecht für die Anmeldung der gleichen Marke in China. (Art. 24 chin. MarkenG) Ausländische Personen oder Unternehmen müssen die Markenregistrierung über offizielle chinesische Vertreter abwickeln. (Art. 18 chin. MarkenG) Nach der erfolgreichen Anmeldung muss die Marke entweder mit einem hochgestelltem ® oder einem speziellen chinesischem Schriftzeichen gekennzeichnet werden. Die Schutzdauer beträgt zehn Jahre, kann danach aber beliebig oft verlängert werden. (Art. 37 und 38 chin. MarkenG) Die Kosten für eine Registrierung belaufen sich auf ca. 620 US $ (rouse & co. international, 2007) Das Abtreten der Rechte an Dritte in Form von Lizenzen ist möglich, muss jedoch der State Administration For Industry & Commerce (SAIC) schriftlich mitgeteilt werden. (Büttner, 2006, S. 95)

Nicht als Marke registriert werden dürfen Zeichen

- „mit dem Staatsnamen der Volksrepublik China, der Staatsflagge, dem Staatsemblem, den Armeefahnen oder Orden identische oder ähnliche Zeichen, einschließlich der besonderen Ortsbezeichnungen am Sitz der staatlichen Zentralorgane oder Gebäudenamen und -abbildungen mit Kennzeichnungscharakter;

- mit den Staatsnamen ausländischer Staaten, deren Staatsflaggen, Staatsemblemen oder Armeefahnen identische oder ähnliche Zeichen, wenn die Regierung des besagten Staates nicht zugestimmt hat;

- mit Namen zwischenstaatlicher internationaler Organisationen, deren Fahnen und Abzeichen identische oder ähnliche Zeichen, wenn diese Organisationen nicht zugestimmt haben oder die Öffentlichkeit leicht irregeführt wird;

- welche die Durchführung von Kontrollen anzeigen oder eine Gewähr ausdrücken sowie amtlichen Zeichen oder mit Prüfsiegeln identische oder ähnliche Zeichen, solange keine Ermächtigung erteilt wurde;

- mit dem identischen oder ähnlichen Namen oder Symbol des Roten Kreuzes oder des Roten Halbmonds;

- mit rassendiskriminierendem Charakter;

- mit übertreibendem, propagandistischem und irreführendem Charakter;

- welche die sozialistische Moral und Sitten schädigen, oder andere Zeichen, die einen schlechten Einfluss ausüben." (Art. 10 chin. MarkenG, Fuchs, 2006, S. 172)

3.2.1.3 Das Chinesische Urheberrecht

Das chinesische Urheberrechtsgesetz (chin. UrhG) trat erstmalig 1991 in Kraft und implementiert die Vorgaben aus der Berner Übereinkunft, welche China im darauf folgenden Jahr unterzeichnete. 2001 wurde das Gesetz im Hinblick auf den Beitritt zur WTO überarbeitet. Zusätzlich wurde eine Durchführungsverordnung für chinesische Gerichte verfasst. Diese dient im Falle von zivilgerichtlichen Streitigkeiten für chinesische Volksgerichte als Interpretationshilfe. (Fuchs, 2006, S. 175)

Das chinesische UrhG schützt "Schriftwerke, mündlich vorgetragene Werke, Musik-, Theater-, Tanz- und Variétékunstwerke, Werke der bildenden Kunst, der Architektur und der Fotografie, Filmwerke einschließlich der Werke, die durch ein ähnliches Verfahren wie Filmwerke geschaffen wurden, Bauentwurfs- und Erzeugnisentwurfszeichnungen, Landkarten und Diagramme, Zeichenwerke und Modellwerke, Computersoftware sowie andere durch gesetzliche und Verwaltungsbestimmungen bestimmte Werke". (Fuchs, 2006, S. 176-177)

Eine Anmeldung des Urheberrechts ist – wie international üblich – nicht erforderlich. Mit der Veröffentlichung beginnt der Schutz der oben genannten Werke. Die freiwillige Registrierung solcher Werke ist bei der „National Copyright Administration of China" möglich. Im Gegenzug erhält man eine Urkunde, die die Durchsetzung des Urheberrechts in vielen Fällen erleichtert.

Die Schutzdauer beträgt 50 Jahre. Im Gegensatz zum deutschen Urheberrecht werden in China auch juristische Personen oder Organisationen als Urheber anerkannt. Nach Artikel 10 des chin. UrhG stehen dem Urheber u. a. folgende Rechte zur Verfügung:

Urheberpersönlichkeitsrechte	Vermögensrechte
Veröffentlichungsrecht	Recht zur Vervielfältigung
Namensnennungsrecht	Verbreitung / Vermietung / Ausstellung
Änderungsrecht	Auf- und Vorführung
Recht auf Schutz der Werkintegrität	Senderecht

Tabelle 5: Urheberrecht (Quelle: Fuchs, 2006, S. 176)

Eine Übertragung der Rechte an Dritte ist möglich, muss aber in Form von schriftlichen Verträgen festgehalten werden. (Fuchs, 2006, S. 177)

Zwischen 1997 und 2006 sind die Internetnutzer in China von 300.000 auf 146 Millionen angestiegen. Auf Drängen der USA und der WTO trat 2005 die *Administrative Measures on Internet Copyright Protection* in Kraft, welche die Verletzung des Urheberrechts im Internet unter Strafe stellt. Bei Verletzungen drohen umgerechnet Strafen bis zu 14.200 US $. Neben dem eigentlichen Urheberrecht wird Software durch die „die Regeln zum Schutz von Computer-Software" geschützt. (Fuchs, 2006, S. 178; Münzel)

3.2.1.4 Sonstige Gesetze

Neben den oben genannten Gesetzen (Patentgesetz, Markengesetz, Urheberrecht) gibt es noch weitere Gesetze und Regelungen, die den Schutz von geistigem Eigentum betreffen. Dazu zählen unter anderem das Produktqualitätsgesetz, das Gesetz gegen unlauteren Wettbewerb und die Regelungen zum Technologietransfer. Für einige Regionen (Hongkong, Taiwan) gelten zum Teil Sonderregelungen. (People's Republic of China, 2002)

3.2.2 Durchsetzung geistiger Eigentumsrechte in China

Neben den Vorgaben zum Schutz geistigen Eigentums stellt das TRIPS-Abkommen auch rechtlich Mindestanforderung für deren Durchsetzung. Laut Artikel 41.1 und Artikel 61 müssen die Maßnahmen „wirksam" und „abschreckend" sein. Zufolge eines Berichts des *Office of the United States Trade Representative* (USTR) aus dem Jahr 2005 ist die Durchsetzung von Eigentumsrechten in China weder abschreckend noch wirksam. Aus diesem Grund streben die USA mit der Unterstützung von Japan und der Schweiz eine Klage bei der WTO gegen China an. (Tannert, 2007, S. 42-43)

3.2.2.1 Grundsätzliche Probleme bei der Durchsetzung von Eigentumsrechten

Die Gesetze zum Schutz von geistigem Eigentum erfüllen den durch das TRIPS-Abkommen vorgegebenen Standard. Das Problem liegt jedoch in deren Durchsetzung. (Wang, 2004, S. 256) Bevor in den nächsten Abschnitten auf die einzelnen Möglichkeiten der Durchsetzung von Eigentumsrechten genauer eingegangen wird, werden zunächst die grundsätzlichen Probleme bei der Durchsetzung aufgezeigt.

Die Gesetze werden von der obersten Regierung in der Hauptstadt Beijing verabschiedet. Die Umsetzung erfolgt jedoch auf lokaler Ebene durch eigenständige Behörden und Gerichte. Nach Tannert ist der politische und wirtschaftliche Widerstand auf der lokalen Ebene für die Probleme der Durchsetzung verantwortlich. Abbildung 4 zeigt vereinfacht den Aufbau des politischen Systems in China. Zwischen den einzelnen Organen herrschen starke vertikale und horizontale Abhängigkeiten. Eine strikte Gewaltenteilung wie in einer Demokratie ist nicht vorhanden. (Tannert, 2007, S. 63-65)

Neben den in Abbildung drei gezeigten Organen gibt es parallel dazu die Parteikontrollorgane. Von der obersten Stelle, dem Politbüro, über Provinzparteikomitees bis hinunter zu Dorfparteizelle übt die KPC einen direkten Einfluss auf die jeweiligen Regierungsorgane aus.

Exekutive	Legislative	Judikative
Staatsrat	Nationaler Volkskongress	Oberstes Volksgericht

Zentralebene

Lokalebene

Provinzregierung/Verwaltung	Provinzvolkskongress	Höhere Volksgerichte
Bezirksregierung/Verwaltung	Bezirksvolkskongress	Mittlere Volksgerichte
Kreisregierung/Verwaltung	Kreisvolkskongress	Untere Volksgerichte
Gemeinderegie-	Gemeindevolkskongress	Volkstribunale
Dorfkomitee/Verwaltung	Dorfkongress	

Abbildung 6: Schematischer Aufbau des politischen Systems in China (Quelle: eigene Darstellung in Anlehnung an Tannert, 2007, S. 64)

Des Weiteren werden wichtige Posten der Regierung, der Verwaltung und der Gerichte anhand von Kaderlisten vergeben. Uneingeschränkte politische Loyalität ist Voraussetzung für einen Kaderposten. (Tannert, 2007, S. 67)

Aufgrund von wirtschaftspolitischen Reformen mit dem Ziel der Industrialisierung der ländlichen Gebiete in den 80er Jahren kommt es zu einer starken Konzentration der wirtschaftspolitischen Zuständigkeiten auf der Ebene der Kreisregierung. Daraufhin entwickelte sich ein „lokaler Protektionismus". Lokale Regierungen nutzen ihre administrativen Kompetenzen, um die Wirtschaft in ihrem Gebiet zu fördern. Dazu gehören illegale Steuervergünstigungen genauso wie die Beeinflussung von Banken mit dem Ziel befreundete Unternehmen mit riskanten Krediten zu versorgen. Um der eigenen Wirtschaft einen Wettbewerbsvorteil zu verschaffen, führt der „Lokalprotektionismus" sogar zu Duldung und Förderung von Produkt- und Markenpiraterie. Die lokale Regierung profitiert von den steigenden Steuereinnahmen. Die Auswirkungen der Verletzung von Eigentumsrechten in Form von Goodwill-Verlusten und Absatzeinbußen betreffen Unternehmen außerhalb des Einflussgebiets der lokalen Regierung. Aus diesem Grund hat diese keinen Anreiz die Gesetze zum Schutz von geistigem Eigentum einzuhalten. In den Provinzen Zhejiang, Fujian, Guangdong, Jiangsu und Anhui ist der „Lokalprotektionismus" mit all seinen Nebenwirkungen besonders stark ausgeprägt. Teilweise arbeiten bis zu zwei Drittel der Bewohner in Betrieben, die Produkte fälschen. (Tannert, 2007, S. 65-80)

Im folgenden Abschnitt werden die einzelnen Verfahren sowie die Probleme bei der Durchsetzung der Eigentumsrechte vorgestellt.

3.2.2.2 Zivilrechtliche Verfahren

Das Einleiten eines zivilgerichtlichen Verfahrens stellt eine Möglichkeit zur Durchsetzung der Eigentumsrechte dar. Im Falle einer Verurteilung steht den Gerichten eine Reihe an Rechtsmitteln zur Verfügung. Der Rechtsverletzer kann zur zukünftigen Unterlassung der rechtsverletzenden Handlung verpflichtet werden. Ferner können die gefälschten Produkte beschlagnahmt und/oder vernichtet werden. Zusätzlich besteht die Option Geldstrafen zu verhängen und Schadensersatzansprüche in Höhe bis zum Dreifachen des illegalen Umsatzvolumens geltend zu machen. Kann der illegale Umsatz nicht nachgewiesen werden, ist die Geldstrafe auf maximal 4.600 Euro begrenzt. Bei der Verletzung von Markenrechten werden entweder 20 Prozent des Umsatzes oder das Zweifache des Gewinns als Strafmaß festgelegt. Die Geldstrafe darf jedoch 9.200 Euro nicht überschreiten. (Tannert, 2007, S. 85) Die Höhe der Strafen liegt unter dem europäischen und amerikanischen Niveau, ist aber im Verlauf der letzten Jahre gestiegen. (Whale & Minford, 2008, S. 112) Im Zuge der Umsetzungen der Vorgaben des TRIPS-Abkommens wurde die Möglichkeit einer einstweiligen Verfügung im chinesischen Zivilrecht verankert. Ein Gericht kann nun innerhalb von 48 Stunden die Unterlassung von Produktion, Anbieten und Verkauf anordnen. Voraussetzung für diesen Schritt sind zum einen eindeutige Beweise der Rechtsverletzung, zum anderen muss ein irreparabler Schaden durch den Rechtsverletzer drohen. Zusätzlich muss der Kläger ein Pfand als Sicherheit hinterlegen, um in Falle einer ungerechtfertigten einstweiligen Verfügung den entstandenen Schaden zu begleichen. Diese Notwendigkeit macht diese Maßnahme vor allem für mittelständische Unternehmen unattraktiv, da sie in der Regel nicht über die notwendigen Ressourcen verfügen. Zwischen den Jahren 2002 und 2005 wurden nur 300 einstweilige Verfügungen erlassen. (Tannert, 2007, S. 86)

Wie bereits im vorherigen Kapitel beschrieben, gibt es in China keine strikte Gewaltenteilung. Richter beziehen ihr Gehalt von der Lokalregierung. Eine unabhängige Rechtssprechung ist somit nicht gewährleistet. 94 % der Richter besitzen kein abgeschlossenes Jurastudium und viele handeln im Interesse der lokalen Wirtschaft. (Tannert, 2007, S. 87)

Um dem Problem des Lokalprotektionismus entgegenzuwirken, veranlasste die Zentralregierung die Bearbeitung der Fälle durch die „Mittleren Volksgerichte". Zusätzlich wurden spezielle Kammern in den Wirtschaftszentren Beijing, Shanghai und Tianjin mit Fachpersonal auf dem Gebiet der Eigentumsrechte eingerichtet. (SIPO, 2005) Im Falle einer gerichtlichen Auseinandersetzung sind diese Gerichte den Gerichten auf lokaler Ebene vorzuziehen. Die Chancen auf eine erfolgreiche Durchsetzung der Eigentumsrechte sind dort am größten.

Zivilrechtliche Verfahren haben den Vorteil, dass Gerichtsfälle veröffentlicht werden. Einige Fälscher scheuen die Öffentlichkeit besonders dann, wenn sie von ausländischen Investoren abhängig sind. In diesen Fällen lohnt es sich direkt mit den Rechtsverletzern zu verhandeln. (Vgl. Abschnitt 3.2.2.5) (Whale & Minford, 2008, S. 112)

In einer Gerichtsverhandlung liegt die Beweislast beim Kläger. Daher ist es sinnvoll eine Detektei zum Sammeln von Beweisen einzuschalten. In China gibt es hunderte Firmen, die sich auf dieses Gebiet spezialisiert haben. Die Dauer eines Verfahrens beträgt zwischen 14 Monaten und drei Jahren. Für ein ausländisches Unternehmen betragen die Kosten für ein Gerichtsverfahren zwischen 40.000 und 60.000 US $. Sie stehen damit in keinem Verhältnis zu der Strafzahlung eines Rechtsverletzers im Falle einer Verurteilung. (Whale & Minford, 2008, S. 113)

3.2.2.3 Verwaltungsverfahren

Die Durchsetzung der Eigentumsrechte mithilfe von Verwaltungsverfahren ist eine Besonderheit im chinesischen Rechtssystem. Aufgrund der historisch bedingten Gewaltenkonzentration verfügen einige Behörden über weit reichende Kompetenzen. Abbildung 7 zeigt eine Übersicht der Behörden und deren Zuständigkeiten bei der Durchsetzung von Eigentumsrechten.

Administration of Industry and Commerce (AIC)
Verstoß gegen Markenrecht und unlauterer Wettbewerb

National Copyright Administration (NCA)
Verstoß gegen das Urheberrecht

State Intellectual Property Office (SIPO)
Verstoß gegen das Patentgesetz

Customs General Administration (CGA)
Zollbehörde – Überwachung von Im- und Exporten

Technology Supervision Bureau (TSB)
Einhaltung der Produktqualität

Abbildung 7: Chinesische Behörden und deren Zuständigkeit (Quelle: eigene Darstellung in Anlehnung an Whale & Minford, 2008, S. 111)

Verwaltungsbehörden können im Vergleich zu zivilen Gerichten Maßnahmen gegen Rechtsverletzer ohne langfristige Gerichtsverfahren durchsetzen. Jedoch hat ein Antragsteller keinerlei Einfluss auf die Arbeit einer Behörde. Ob und in welchem Maße gegen Rechtsverletzer vorgegangen wird, hängt stark von den lokalen Gegebenheiten ab. (Whale & Minford, 2008, S. 110)

Das SIPO und deren lokale Außenstellen (IPO) sind für die Durchsetzung von Patentrechten verantwortlich. In der Praxis ist diese Möglichkeit jedoch von geringer Relevanz, da die Rechtslage auf dem Gebiet der Patente sehr komplex ist. Aus diesem Grund ist der Weg über ein gerichtliches Verfahren in den meisten Fällen sinnvoller. (Tannert, 2007, S. 94)

Die für die Durchsetzung von Markenrecht zuständige Behörde AIC verfügt über weit reichende Befugnisse. So kann sie Razzien durchführen und ggf. gefälschte Produkte beschlagnahmen und vernichten. Dafür ist keine Zustimmung eines Gerichts erforderlich. Weiterhin kann die AIC einem illegal handelnden Unternehmen die Zulassung entziehen und Strafgelder verhängen. 1998 betrug das durchschnittliche Strafmaß jedoch nur 700 US $. Die Strafgelder fließen direkt an die Behörde und werden nicht an das geschädigte Unternehmen weitergegeben. Nicht selten kommt es zu Interessenskonflikten innerhalb der AIC. Auf der einen Seite ist es die Aufgabe der AIC Markenrechtsverletzer zu stellen, auf der anderen Seite erzielt die AIC von genau diesen Unternehmen Einnahmen in Form von Bearbeitungsgebühren und Ähnlichem. Teilweise ist die AIC auch direkt an illegalen Firmen beteiligt. Ferner werden die Behörde und deren Mitarbeiter im Rahmen einer regelmäßigen Evaluierung bewertet. Ein Kriterium für die Bewertung ist unter anderem der „Erfolg" der lokalen Wirtschaft. Um dem Problem des Lokalprotektionismus auf diesem Gebiet entgegenzuwirken, wurde die Verantwortlichkeit für die Durchsetzung von Eigentumsrechten Ende der 90er von der Kreis- auf die Provinzregierung übertragen. Zusätzlich wurden die Leistungskriterien für die Bewertung um den Punkt „Bearbeitung von Fällen mit Markenrechtsverletzungen" erweitert. Schlussendlich wurde der AIC jegliche Beteiligung an Unternehmen untersagt. Diese von der Regierung angesetzten Reformen wurden bis heute aufgrund wirtschaftspolitischer Widerstände nicht in allen Landesteilen umgesetzt. Trotz einiger Probleme stellt die *Administration of Industry and Commerce* für betroffene Unternehmen die schlagkräftigste Waffe im Kampf gegen Produkt- und Markenfälscher dar. (Tannert, 2007, S. 95-97)

Das TSB ist für die Einhaltung einer Mindestqualität der in China produzierten Produkte zuständig. Da Produktfälschungen in vielen Fällen von minderer Qualität sind, ist das Einbeziehen dieser Behörde im Kampf gegen Produktfälscher eine weitere Alternative. Das TSB verfügt über die gleichen Kompetenzen (Razzien, Beschlagnahme, Vernichtung, Geldstrafen) wie das AIC. (Whale & Minford, 2008, S. 112)

Die National Copyright Administration (NCA) verfügt nur über geringe Kompetenzen und spielt bei der Durchsetzung von Eigentumsrechten eine geringe Rolle. (Whale & Minford, 2008, S. 111)

Die chinesische Zollbehörde (CGA) hat die Befugnis Im- und Exporte nach Produkt- und Markenfälschungen zu kontrollieren. Dazu muss sie von einem Unternehmen, welches seine Eigentumsrechte durchsetzen will, „beauftragt" werden. Dieser Auftrag gilt dann für sieben Jahre, kann aber für weitere sieben Jahre verlängert werden. Die einzelnen Zollbehörden werden mithilfe eines internen Computersystems über die zu überprüfenden Produkte informiert. (Wang, 2004, S. 257) Der Zoll kann die beschlagnahmten Produkte nach Entfernung der verletzenden Marke entweder an karitative Einrichtungen abgeben, versteigern oder vernichten. (Büttner, 2006, S. 100-101)

3.2.2.4 Strafrechtliche Verfahren

Im Falle einer strafrechtlichen Verurteilung drohen dem Angeklagten Haftstrafen von bis zu drei Jahren bei Patentverstößen und bis zu sieben Jahren beim Verstoß gegen das Markenrecht. Ferner können Geldstrafen von umgerechnet bis zu 45.000 Euro verhängt werden. In der Praxis überschreiten Gefängnisstrafen in den seltensten Fällen vier Jahre. Für die Ermittlung sowie Beweissicherung ist das *Economic Crime Investigation Departement* (ECID) verantwortlich. Ein strafrechtliches Verfahren kann aufgrund einer Anzeige oder der Weitergabe des Falles von einer administrativen Behörde zur Staatsanwaltschaft eingeleitet werden. Dazu müssen jedoch folgende Voraussetzungen erfüllt sein: Das illegale Umsatzvolumen muss mindestens 18.000 Euro bzw. ein Gewinn muss mehr als 9.000 Euro betragen. Bei Markenrechtsverletzungen betragen die Grenzwerte 4.500 Euro (Umsatz) oder 2.700 Euro (Gewinn). Diese „Aufgreifschwellen" gelten nur für natürliche Personen. Für juristische Personen, z. B. Unternehmen, werden die oben angegeben Werte mal drei genommen. Zur Berechnung des Gewinns bzw. des Umsatzes werden die Preise der Fälschungen und nicht die der Originalhersteller herangezogen. (Whale & Minford, 2008, S. 114; Tannert, 2007, S. 89-90)

Im Jahre 2006 gab es 2.277 strafrechtliche Verfahren. Dem gegenüber stehen 14.056 zivilrechtliche Verfahren. Die Ursachen für diese Entwicklung sind zum einen die mangelnde Bereitschaft der administrativen Behörden Fälle an die Gerichte weiterzugeben, zum anderen die Kooperationsbereitschaft der Polizei bei privaten Anzeigen eher gering. Die Polizei versucht ihr Verhalten mit einem Mangel an Ressourcen zu begründen. Ob dies der wahre Grund ist, kann bezweifelt werden. Lokalprotektionismus spielt auch eine große Rolle. Ferner unterliegen Polizisten mit einem niedrigen Gehalt einer hohen Anfälligkeit für Korruption. Dies führt dann zur Verzögerung von Ermittlungen, mit dem Ziel, dass der Fälscher genug Zeit hat entsprechende Beweise zu vernichten. (Vgl. Abschnitt 3.2.2.1) (Whale & Minford, 2008, S. 114; Tannert, 2007, S. 91)

Ein weiterer Grund für die geringe Anzahl von strafrechtlichen Verfahren liegt in der Evaluierung von Staatsanwälten. Deren Leistungen werden nicht anhand der Gesamtanzahl, sondern nur anhand der erfolgreichen Fälle gemessen. Daher neigen Staatsanwälte dazu nur aussichtsreiche Fälle zu bearbeiten, bei denen es mit einer Wahrscheinlichkeit von mindestens 95 % zu einer Verurteilung kommt. Im Jahr 2006 führte die Zentralregierung ein Programm ein, um die Aufdeckung von lokal geschützten Fälscheraktivitäten zu fördern. Demnach erhält eine Person, die verwertbare Informationen an eine Polizeistelle heranträgt, eine finanzielle Belohnung. Diese kann nach chinesischen Pressemeldungen bis zu umgerechnet 27.000 Euro betragen. (Tannert, 2007, S. 92)

3.2.2.5 Sonstige Optionen

Neben den im vorherigen Kapitel vorgestellten formellen Möglichkeiten zur Durchsetzung von Eigentumsrechten (zivile Verfahren, Verwaltungs-verfahren, strafrechtliche Verfahren) gibt es weitere Wege, die im folgen-den Abschnitt vorgestellt werden.

Die einfachste und kostengünstigste Methode ist das Versenden einer Unterlassungserklärung an den Rechtsverletzer. Das betroffene Unter-nehmen sollte dem Fälscher klarmachen, dass es auf seinen Rechten be-steht und diese in jedem Fall durchsetzen wird. Um den Druck auf den Fälscher zu erhöhen, ist es sinnvoll, die bisher gesammelten Beweise vor-zulegen. Der Unterlassungserklärung sollten weitere Aktionen wie Anrufe oder ein persönlicher Besuch folgen. (Whale & Minford, 2008, S. 110) In einigen Fällen könnte diese Taktik bereits ohne größeren Aufwand zum Erfolg führen. Es besteht jedoch die Gefahr, dass der Fälscher die Unter-lassungserklärung als Vorwarnung nutzt und alle Beweise verschwinden lässt. (Whale & Minford, 2008, S. 114)

Sollte ein Rechtsverletzer nicht auf die Unterlassungserklärung eingehen, hat das geschädigte Unternehmen noch die Möglichkeit in direkte Ver-handlungen mit den Fälschern zu gehen. Dieses Vorgehen wird von den Gerichten und Behörden in China aktiv unterstützt. (Chris, 2007, S. 45)

3.2.3 Zusammenfassung

In den letzten beiden Abschnitten wurden die gesetzlichen Grundlagen zum Schutz von geistigem Eigentum in China sowie die Möglichkeiten zu deren Durchsetzung aufgezeigt. Die wichtigsten Gesetze sind das Pa-tentgesetz, das Markengesetz und das Urheberrecht. Die Gesetze erfüllen den internationalen Standard, wie es das TRIPS-Abkommen vorsieht. Die eigentlichen Probleme liegen bei der Durchsetzung der Schutzrechte, welche Tannert mit den historisch bedingten Gegebenheiten begründet. Dazu zählen das politische System, die nicht vorhandene Gewaltentei-lung, Interessenkonflikte zwischen einzelnen Behörden sowie der da-durch entstandene Lokalprotektionismus. Grundsätzlich kann bei der Durchsetzung von Eigentumsrechten auf drei formelle Verfahren zurück-gegriffen werden. Das sind Verwaltungsverfahren, zivilrechtliche sowie strafrechtliche Verfahren. Das am häufigsten genutzte Verfahren ist das Verwaltungsverfahren. Abschließend werden die Vor- und Nachteile der formellen Verfahren zur Durchsetzung der Eigentumsrechte in der fol-genden Tabelle zusammengefasst.

	Vorteile	Nachteile
Verwaltungsverfahren	• *kostengünstig* • *schnell* • *kein Anwalt notwendig*	• *Lokalprotektionismus* • *Strafen nicht abschreckend* • *Strafzahlungen gehen nicht an das geschädigte Unternehmen*
Zivilrechtliche Verfahren	• *Gerichte, die sich auf IP spezialisiert haben* • *Strafzahlungen* • *Berufungsrecht*	• *hohe Kosten* • *geringe Strafzahlungen*
Strafrechtliche Verfahren	• *können von Behörden oder Geschädigten eingeleitet werden* • *Geld- und Gefängnisstrafen möglich* • *gleichzeitiges Zivilverfahren möglich*	• *hohe Voraussetzungen für das Vorliegen einer Straftat* • *Probleme beim Transfer des Falls von Verwaltungsbehörden zum Gericht* •
Zollbehörde	• *Verfügbar für den Import und Export von Gütern* • *kostengünstig*	• *Lagergebühren/Pfand für beschlagnahmte Ware* • *Kontrollen durch den Zoll limitiert*

Tabelle 6: Übersicht der formellen Verfahren zur Durchsetzung von Eigentumsrechten(Quelle: eigene Darstellung in Anlehnung an Ghang, 2005, S. 20)

3.3 Der Schutz geistigen Eigentums in Indien

Die erste Verordnung zum Schutz von geistigem Eigentum wurde bereits 1856 eingeführt. Im Gegensatz zu China hat Indien bereits 100 Jahre früher die Relevanz eines Systems zum Schutz von Innovationen erkannt. Schon seit 1958 gibt es Indien Gesetze zum Schutz von Patenten, Marken, Gebrauchsmustern sowie das Urheberrecht. Im Zuge der Umsetzung der Vorgaben aus dem TRIPS-Abkommen wurde der Schutz auf geografische Herkunftsangaben, Layout Design von integrierten Schaltkreisen und Betriebsgeheimnisse erweitert. (Kumar & Philip, 2007, S. 250) Eine Übersicht der zurzeit geltenden Gesetze zum Schutz der Eigentumsrechte zeigt Tabelle 6:

Gesetz	Schutz von	zuletzt überarbeitet
Trade and Merchandise Marks Act (1958)	*Marken*	*2003*
Patents Act (1970)	*technischen Erfindungen*	*2002*
Design Act (1911)	*Produkt- und Verpackungsdesign*	*2000*
Semiconductor Integrated Circuit Layout Design Act (2000)	*Integrierten Schaltkreisen*	*2000*
Copyright Act (1958)	*Künstlerischen Werken, Software*	*1999*
Geographical Indications of Goods Act (1999)	*Geografische Herkunftsangaben*	*1999*

Tabelle 7: Übersicht der indischen Gesetze zum Schutz von geistigem Eigentum (Quelle: eigene Darstellung Kumar & Philip, 2007, S. 256)

3.3.1 Die Umsetzung des TRIPS-Abkommens

Das TRIPS-Abkommen trat am 1. Januar 1995 in Kraft. Indien hat in der WTO den Status eines Entwicklungslandes. Aus diesem Grund hatte Indien für die Umsetzung der Vorgaben in nationales Recht zehn Jahre Zeit. Grundsätzlich gelten für Indien die gleichen Vorgaben zur Umsetzung des TRIPS-Abkommens wie für China.

3.3.1.1 Das indische Patentgesetz

Bis zur Anpassung des indischen Patentgesetzes an das TRIPS-Abkommen war der Schutz für internationale Verhältnisse nicht ausreichend. Insbesondere amerikanische Pharma- und Chemiekonzerne hatten durch die Patentverletzungen einen jährlichen Schaden von 450 Mio. US $. Das indische Patentgesetz hat die Anmeldung von Medikamenten und chemischen Prozessen nicht zugelassen. Demzufolge konnten indische Unternehmen die ausländischen Produkte im großen Stil reproduzieren. Indien stellt etwa 50 % der Generika zur Bekämpfung von AIDS her. Am 25.6.2002 wurde das überarbeitete Patentgesetz vom indischen Parlament verabschiedet. Patente können jetzt auch auf Medikamente, chemische Prozesse sowie für Erfindungen aus allen den Bereichen Landwirtschaft, Biotechnologie und Atomenergie angemeldet werden. Die Schutzdauer wurde auf 20 Jahre verlängert. (Balakrishnan, 2007, S. 271-272) Grundsätzlich können alle Erfindungen, welche die drei Grundvoraussetzungen (neu, technischer Fortschritt, praktische Relevanz; vgl. Kapitel 2.4) erfüllen, angemeldet werden. Nach indischem Recht keine Erfindung und somit nicht patentierbar ist:

- „Was unseriös ist oder offensichtlich gegen bekannte Naturgesetze verstößt,

- wessen (wirtschaftliche) Nutzung gegen die öffentliche Ordnung oder gute Sitten verstoßen oder ernste Schäden bei Mensch, Tier- oder Pflanzenleben, Gesundheit oder Umwelt verursachen würde,

- die bloße Entdeckung eines wissenschaftlichen Grundsatzes oder die Formulierung einer abstrakten Theorie oder die Entdeckung eines Lebewesens oder nicht lebendiger Substanzen der Natur,
- eine Anbau- oder Gartenbaumethode,

- jedes Verfahren zur medizinischen, chirurgischen, heilenden, prophylaktischen, diagnostischen, therapeutischen oder anderer Behandlung von Menschen oder jedes Verfahren für eine ähnliche Behandlung von Tieren, um sie von einer Krankheit zu heilen oder ihren wirtschaftlichen Wert – oder den ihrer Produkte – zu erhöhen,

- Pflanzen und Tiere im Ganzen oder zum Teil außer Mikroorganismen, aber inklusive Samen, Abarten und Spezies und hauptsächlich biologische Verfahren zur Herstellung oder Vermehrung von Pflanzen und Tieren,

- eine Präsentation von Informationen." (Müller, 2007, S. 24)

Der Patentinhaber hat das alleinige Recht auf Herstellung, Gebrauch, Anbieten oder Einfuhr von patentrechtlich geschützten Gütern. Eine Lizenzvergabe an Dritte ist möglich. (Müller, 2007, S. 25)

Um den Missbrauch von Patenten zu verhindern, ermöglicht das indische Patentrecht die Vergabe von Zwangslizenzen an Dritte, inklusive den Staat Indien. Ein Antrag auf Erteilung einer Zwangslizenz kann frühestens drei Jahre nach Erteilung eines Patents erfolgen. Der Patentinhaber wird mit einer angemessenen Vergütung „entschädigt", welche von den Entwicklungskosten abhängig ist. (Müller, 2007, S. 26)

3.3.1.2 Das indische Urheberrecht

Das indische Urheberrecht entsprach schon vor dem TRIPS-Abkommen in großen Teilen westlichen Standards. Der Grundstein für den Schutz von künstlerischen Werken wurde bereits 1928 mit der Unterzeichnung der Berner Übereinkunft gelegt. Der Schutz umfasst literarische Werke, Musik und Kunst. Nach der Anpassung an die TRIPS-Vorgaben schützt das Urheberrecht zusätzlich Software, Satellitenübertragungen und digitale Technologien, wie z. B. elektronische Datenbanken. Ferner bildet das Urheberrecht die Grundlage für den Schutz von digitalen Werken (Filme, Musik), welche von Internetusern illegal bezogen werden. (Narula, 2006)

Der Urheber hat das Recht auf Vervielfältigung, Verbreitung, öffentliche Wiedergabe, Übersetzung, Bearbeitung und Abtretung. Urheberrechtlich geschützte Werke können mit einem hochgestellten © gekennzeichnet werden. (Müller, 2007, S. 34)

Die Dauer des Schutzes geht mit 60 Jahren sogar über die TRIPS-Vorgaben (50 Jahre) hinaus. (Balakrishnan, 2007, S. 273-274)

3.3.1.3 Das indische Markenrecht

Das indische Markenrecht wurde 2003 zuletzt überarbeitet. Der Markenschutz umfasst sowohl Dienstleistungsmarken (z. B. Amazon) als auch Produktmarken (z. B. Snickers) gleichermaßen. Ferner wurde der Tatbestand der Verletzung von Markenrechten neu definiert. Die Verwendung von bereits existierenden Marken innerhalb der eigenen Unternehmensbezeichnung ist ohne entsprechende Lizenz nicht mehr möglich. Bis dato haben viele indische Unternehmen diese Möglichkeit genutzt, ihr eigenes Unternehmen mit bekannten Marken zu schmücken. (Balakrishnan, 2007, S. 276)

Für eine erfolgreiche Anmeldung müssen folgende Voraussetzungen erfüllt sein. (1) Die Marke muss bereits oder in naher Zukunft genutzt werden. (2) Sie muss graphisch darstellbar sein. (3) Die Marke soll Güter oder Dienstleistungen von Angeboten anderer unterscheiden. (4) Sie soll zum Zwecke der Produktidentifizierung eingesetzt werden. (Müller, 2007, S. 28)

Nach der Anmeldung wird die Eintragungsfähigkeit der Marke anhand der absoluten und relativen Schutzhindernisse überprüft. Für eine Auflistung der Schutzhindernisse siehe Anhang Abbildung 12.

Die Schutzdauer beträgt sieben Jahre und kann danach beliebig oft für zehn weitere Jahre verlängert werden. Einzige Voraussetzung ist, dass die Marke auch weiterhin genutzt wird. Ansonsten wird sie nach fünf Jahren aus dem Markenregister gelöscht. Für die Kennzeichnung von geschützten Marken sind folgende drei Zeichen erlaubt.

| ™ *(trademark)* | *(SM) (service mark)* | ® *(registered)* |

Abbildung 8: Kennzeichnung von geschützten Marken in Indien (Quelle: eigene Darstellung in Anlehnung an Müller, 2007, S. 30)

International bekannte Marken sind ohne eine Anmeldung in Indien geschützt. Das indische Markenrecht wird von den USA als „good" eingestuft. (Balakrishnan, 2007, S. 276)

3.3.1.4 Geografische Herkunftsangaben

Das TRIPS-Abkommen fordert ein Gesetz, das die Benutzung von nichtwahrheitsgemäßen Herkunftsangaben untersagt.

Dem Schutz von geografischen Herkunftsangaben kommt in Indien eine besondere Bedeutung zu. Anbieter aus Nigeria und Sri Lanka verkauften ihren Tee unter falschen Herkunftsangaben (Darjeeling Premium Tea). Das eigentliche Anbaugebiet liegt im Nordosten Indiens. Mit dem Registration and Protection Act aus dem Jahr 1999 haben indische Unternehmen die Möglichkeit rechtlich gegen diese Anbieter vorzugehen. (Balakrishnan, 2007, S. 276)

3.3.2 Durchsetzung geistiger Eigentumsrechte in Indien

Aufgrund der kulturellen Entwicklung Indiens ist das Verständnis für geistiges Eigentum im Vergleich zu westlichen Kulturen nicht sehr stark ausgeprägt. In Indien - genau wie in China - wird Lernen oft mit Kopieren gleichgesetzt. Kommt es zu einer Verletzung der Eigentumsrechte durch indische Unternehmen, empfiehlt es sich zunächst keine rechtlichen Schritte einzuleiten. Die direkte Verhandlung mit dem Rechtsverletzer ist einer gerichtlichen Auseinandersetzung in der Regel vorzuziehen. Diese Möglichkeit der außergerichtlichen Einigung wird explizit im indischen Recht erwähnt, stellt aber keine Voraussetzung für einen eventuell folgenden Prozess dar. (Müller, 2007, S. 44-45)

Einen Überblick über die relevanten Gesetze zur Durchsetzung von Eigentumsrechten zeigt Tabelle 8.

Gesetz	Anmerkung
Code Of Civil Procedure, 1908	Zivilprozessordnung
Penal Code	Strafgesetzbuch
Civil and Criminal Rules of Practice	Auslegungsregeln für Gerichte
zusätzlich die Gesetzte aus Tabelle 6 für die Spezialisierung auf einzelne Schutzrechte	

Tabelle 8: Übersicht der indischen Gesetze zur Durchsetzung von Eigentumsrechten (Quelle: eigene Darstellung in Anlehnung an Müller, 2007, S. 44)

Die Durchsetzung von Eigentumsrechten mithilfe von indischen Behörden (vgl. Verwaltungsverfahren in China; Kapitel 3.2.2.3) ist nicht möglich. Der Schwerpunkt liegt somit auf zivil- und strafrechtlichen Gerichtsverfahren, welche auch gleichzeitig eingeleitet werden können. Jedoch hat Indien in diesem Umfeld – genau wie China – mit Korruption zu kämpfen. (rouse & co. international, 2005, S. 1)

Die „Federation of Indian Chambers of Commerce and Industry" (FICCI) ist eine Organisation, welche die Interessen der indischen Wirtschaft vertritt. In Indien ist es die älteste Organisation dieser Art. Mehr als 1500 Unternehmen haben sich dieser Organisation angeschlossen. (FICCI, 2004) Im Jahr 2003 hat die FICCI eine Initiative ins Leben gerufen mit dem Ziel „to create awareness about the menace of piracy and counterfeiting and to take initiatives to fight this scourge with a vision of creating an environment where innovations are rewarded and creative entities flourish". Die

Kampagne soll über die Gefahren durch Fälschungen aufmerksam machen und die für die Durchsetzung von Eigentumsrechten zuständigen Institutionen durch Schulungen und weitere Maßnahmen stärken. (NIPO, 2004)

3.3.2.1 Zivilrechtliche Verfahren

Für die Durchsetzung der geistigen Eigentumsrechte auf zivilrechtlicher Ebene sind zunächst die „District Courts" des jeweiligen Gerichtsbezirks verantwortlich. Nach dem Einreichen der Klageschrift und der Zahlung einer entsprechenden Gebühr kann eine einstweilige Verfügung gegen den Rechtsverletzer beantragt werden. Dafür muss das Gericht von der Notwendigkeit einer einstweiligen Verfügung überzeugt werden. Eine Notwendigkeit besteht, wenn dem Kläger irreparable Schäden entstehen würden, sollte nicht sofort gegen den Rechtsverletzer vorgegangen werden. Direkte Verhandlungen mit dem Rechtsverletzer können sich in diesem Fall negativ auf die Entscheidung des Gerichts bezüglich einer einstweiligen Verfügung auswirken. Im Falle einer Berufung wird der Fall an das nächst höhere Gericht weitergeleitet. Den „District Courts" folgen die „High Courts" in den Städten Delhi, Mumbai, Kalkutta, Chennai und Jammu Kashmir. Die Chance auf einen Erfolg ist in einem „High Court" aufgrund der besser ausgebildeten Richter wesentlich höher. Übersteigt der durch den Rechtsverletzer verursachte Schaden 32.000 Euro, kann der Fall direkt dem „High Court" zugewiesen werden. Viele Verfahren enden mit einem Vergleich. (rouse & co. international, 2005, S. 1)

Die Höhe der Schadensersatzansprüche berechnet sich entweder aus der Höhe des entgangenen Gewinns oder den Kosten einer entsprechenden Lizenz. Der Rechtsverletzer muss in diesem Zusammenhang Informationen über den Produktionsumfang, die Anzahl und den Preis der gefälschten Produkte preisgeben. Ferner kann das Gericht die „Auskunft über die Herkunft und Vertriebswege des verletzenden Gegenstands" (Müller, 2007, S. 49) anordnen. (Müller, 2007, S. 47-49)

3.3.2.2 Strafrechtliche Verfahren

Neben zivilrechtlichen Ansprüchen können auch bei schweren Verstößen strafrechtliche Maßnahmen eingeleitet werden. Diese umfassen u. a.

- „die Fälschung einer Marke,

- die falsche Anwendung einer Marke,

- die Herstellung oder Besitz von Geräten zur Fälschung von Marken,

- die Anwendung falscher Warenbeschreibung oder

- die Anwendung einer falschen Herkunftslandbeschreibung" (Müller, 2007, S. 54)

Die Polizei ist zur Verfolgung dieser Straftaten mit weit reichenden Kompetenzen ausgestattet. So können zur Beweissicherung Durchsuchungen durchgeführt und Waren beschlagnahmt werden. Die Klage muss beim lokalen „Magistrate Court" eingereicht werden. Das Strafmaß reicht von Freiheitsstrafen von sechs Monaten bis zu drei Jahren. Zusätzlich können Geldstrafen zwischen umgerechnet 800 und 3.200 Euro verhängt werden. (Müller, 2007, S. 54-55)

3.3.2.3 Der indische Zoll

Die Einrichtung eines Systems zur systematischen Kontrolle von Waren auf Fälschungen befindet sich noch im Aufbau. Die Einbindung der Zollbehörde im Kampf gegen Produkt- und Markenfälschungen wie in China ist in Indien noch nicht möglich. (rouse & co. international, 2005, S. 2)

3.3.3 Zusammenfassung

Im Gegensatz zu China ist das Verständnis für geistiges Eigentum in Indien weitaus früher entstanden. Das Urheberrecht galt schon vor der Überarbeitung im Zuge des Beitritts zur WTO als gut. Nur so war die rasante Entwicklung der indischen IT-Branche erst möglich. Den größten Widerstand bei der Umsetzung der TRIPS-Vorgaben gab es im Bereich der Pharmaindustrie, da indische Unternehmen bis zu diesem Zeitpunkt einen Großteil der auf dem Weltmarkt verfügbaren Generika produzierten. Von den USA unter Druck gesetzt, blieb Indien aber nichts weiter übrig als die TRIPS-Vorgaben in nationales Recht umzusetzen. Heute wird das indische Recht zum Schutz von geistigem Eigentum als gut bewertet. Jedoch ist dessen Durchsetzung wie auch in China von westlichen Standards weit entfernt. Indien fehlt es vor allem an gut ausgebildeten Richtern. Nur an den „High Courts" gibt es gut ausgebildetes Personal.

4 Experteninterview

In dem vorherigen Kapitel wurden die Möglichkeiten zum Schutz von geistigem Eigentum in China und Indien aufgezeigt. In diesem Abschnitt werden die Erfahrungen eines mittelständischen Unternehmens[5] im Bereich Schutz von geistigem Eigentum in China vorgestellt. Grundsätzlich stehen drei Befragungsmethoden zur Auswahl:

- die schriftlich Befragung
- die mündlich Befragung
- die telefonische Befragung (Hüttner, 1989, S. 41)

Aufgrund von Zeit- und Kostenvorteilen wurde eine telefonische Befragung durchgeführt. Das Ziel dieser Befragung ist, die in der Literatur dargestellten Sachverhalte – insbesondere die Durchsetzung von Eigentumsrechten – an einem konkreten Beispiel aufzuzeigen und zu beschreiben. Die Ergebnisse der Befragung sind natürlich nicht repräsentativ, geben jedoch einen Einblick in das Handeln und die Probleme eines deutschen Unternehmens in China.

Im Vorfeld wurde ein Gesprächsleitfaden mit 10 Fragen formuliert. (siehe Abbildung 13 im Anhang) Die Fragen entsprechen den „Grundsätzen der Fragenformulierung" nach Hüttner. Demnach müssen Fragen

- „einfach gehalten und leicht verständlich,
- eindeutig und präzise sein". (Hüttner, 1989, S. 84)

Ferner dürfen die Fragen nicht

- „suggestiv wirken,
- zu falschen Antworten aus Prestigegesichtspunkten etc. verleiten." (Hüttner, 1989, S. 84)

Das Interview dauerte ca. 20 Minuten und wurde mit Einverständnis des Interviewpartners digital aufgezeichnet. Die Aufnahme wurde nach der Niederschrift gelöscht.

Im Folgenden werden die wichtigsten Erkenntnisse des Interviews vorgestellt. Alle Aussagen beruhen auf dem vom Autor durchgeführten Interview.

Der Schutz von Eigentumsrechten in der VR China ist aufgrund der Wettbewerber unverzichtbar. Neben den regulären ist China auch für die illegal handelnden Wettbewerber (Produkt- und Markenfälscher) bekannt.

---

[5]   Technologieunternehmen mit Schwerpunkt Fertigungs- und Medizintechnik mit ca. 7000 Mitarbeitern weltweit.

Um den Schutz von geistigem Eigentum zu gewährleisten, wird auf einen Mix von verschiedenen Alternativen zurückgegriffen.

Sofern möglich, werden technische Bauteile in China patentiert bzw. es wird ein Gebrauchsmuster angemeldet. Probleme tauchen immer dann auf, wenn bereits ein anderes Unternehmen die Technologie in China geschützt hat. (vgl. Kapitel 3.2.1.1) Eine weitere Maßnahme ist die Personal- und interne Informationspolitik. Die Auswahl neuer Mitarbeiter erfolgt sorgfältig. Ferner stehen Mitarbeitern im Unternehmen nur die Informationen zur Verfügung, welche zur Bewältigung der zugewiesenen Arbeit nötig sind. Durch diese Maßnahme kann der Schaden durch Spionage eines einzelnen Mitarbeiters begrenzt werden. Besonders kritische Bauteile werden in Deutschland produziert und als „Black-Box-Bauteil" in China verbaut bzw. verkauft. Unter Black-Box-Bauteil versteht man ein Bauteil, von dem Dritte nicht wissen, wie es funktioniert. Es ist auch nicht möglich durch Reverse-Engineering die Funktionsweise des Bauteils zu ermitteln.

Das befragte Unternehmen ist in der Vergangenheit bereits Opfer von Produktfälschern gewesen. Zum einen wurde in China ein Gebrauchsmuster verletzt, zum anderen bieten chinesische Unternehmen Nachbauten auf dem deutschen Markt an. Diese Nachbauten sind keine 1:1 Kopien der Originale, sondern sind diesen nur „sehr ähnlich". Aus diesem Grund gestaltet sich das rechtliche Vorgehen gegen solche Anbieter als schwierig. Folgende Unternehmen, die aktuell in China mir Produktpiraterie zu kämpfen haben, wurden im Interview genannt: Stihl, BASF, Daimler und Volkswagen. Die Möglichkeiten der Durchsetzung von Eigentumsrechten wurden als „sehr formal" beschrieben. Die Kommunikation mit den zuständigen Behörden erfolgt nur indirekt über eine Rechtsanwaltskanzlei vor Ort.

Die Maßnahmen der Bundesregierung (Lobbyarbeit für die deutsche Wirtschaft, bilaterale Gespräche, Zusammenarbeit von Patentämtern und Gerichten) wurden durchweg positiv bewertet. Konkrete Vorschläge, welche Maßnahmen eingeführt/verbessert werden könnten, wurden vom Interviewpartner nicht gegeben.

Der Ausblick für den Schutz von geistigem Eigentum in China fällt zwiespältig aus. Einerseits ist die Akzeptanz der Chinesen bezüglich der Eigentumsrechte an Wissen in den letzten Jahren stetig gestiegen. Ein Beleg hierfür ist der Anstieg der Anmeldung für Patente durch Chinesen. (Abbildung 9) Andererseits sieht das befragte Unternehmen aufgrund des „first-to-file" Anmeldesystems für Patente und Gebrauchsmuster in naher Zukunft „große Herausforderungen" auf sich zukommen.

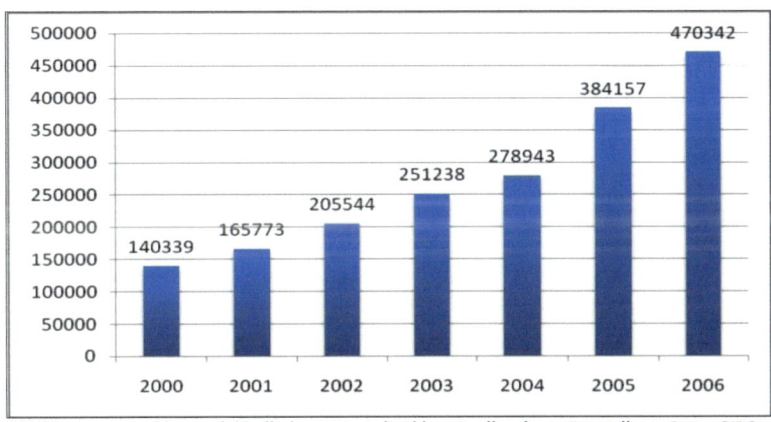

Abbildung 9: Anmeldungen inländischer Patente in China (Quelle: eigene Darstellung, Daten SIPO, 2007)

5 Implikationen und Zusammenfassung

5.1 Implikationen

In den vorherigen Abschnitten wurde die Situation in den Ländern China und Indien in Bezug auf den Schutz von geistigem Eigentum diskutiert. Anhand dieser Ausgangslage stellt sich jetzt die Frage, welche Strategie ein Unternehmen in China bzw. Indien anwenden sollte, um geistiges Eigentum zu schützen. In diesem Kapitel werden dazu einige Vorschläge vorgestellt. Abschließend werden die wichtigsten Erkenntnisse dieser Untersuchung zusammengefasst.

Studien haben gezeigt, dass Unternehmen, die ihre Produkte ordnungsgemäß in China angemeldet haben, nicht vor Produktfälschern geschützt sind. (vgl. Kapitel 3.1) Von daher ist es fahrlässig, den Schutz von geistigem Eigentum allein durch die Anmeldung von Schutzrechten zu gewährleisten. Vielmehr sollten für einen effektiven Schutz mehrere „Verteidigungsringe" aufgebaut werden. Wird eine Maßnahme umgangen, kann das geistige Eigentum durch die anderen weiterhin geschützt werden. Die Maßnahmen lassen sich nach unternehmensinternen und unternehmensexternen Maßnahmen sowie dem rechtlichen Schutz untergliedern.

Abbildung 10: Strategien zum Schutz von geistigem Eigentum (Quelle: eigene Darstellung)

Der rechtliche Schutz umfasst die in Kapitel 2.4 erläuterten gewerblichen Schutzreche. Dazu gehören u. a. die Anmeldung von Patenten, Marken oder Gebrauchsmustern. Von diesen Schutzrechten sollte grundsätzlich

Gebrauch gemacht werden, da sie die rechtliche Grundlage für die Durchsetzung von Eigentumsrechten bilden. Besonders in China besteht außerdem die Gefahr, dass man selbst zum Produktfälscher wird, wenn ein anderes Unternehmen die kopierte Technologie zuerst anmeldet.

Selbst für kleine Unternehmen ist die Anmeldung von Schutzrechten sinnvoll. Zum einen handeln auch Produktfälscher rational und suchen nach leichten Opfern. Nur 30 % der Unternehmen mit weniger als 500 Mitarbeitern haben Schutzrechte in China angemeldet. (DIHK und APM, 2007, S. 6) Die Anmeldung von Schutzrechten kann also wesentlich dazu beitragen, nicht von den Produkt- und Markenfälschern „ausgewählt" zu werden. Andererseits wird im Falle einer Rechtsverletzung die (evtl. einzige) Unternehmensgrundlage eines kleinen Unternehmens nicht zerstört.

Unternehmensexterne Maßnahmen umfassen u. a. die Aufklärung der Kunden, die Zusammenarbeit mit Zollbehörden, die Informationspolitik und eine globale Markenführung.

Die Kunden sollten darüber aufgeklärt werden, wie man gefälschte Produkte erkennt und welche Gefahr von ihnen ausgeht. Im Januar 2008 warnte das Unternehmen Hama vor gefälschten USB-Sticks aus China, welche zu einem unkontrollierten Datenverlust führen können. (Lauerer, 2008) Eindeutige Merkmale (z. B. Hologramme auf CDs) erleichtern die Identifizierung von Originalprodukten für den Kunden.

In China bietet sich die Möglichkeit direkt mit den Zollbehörden zusammenzuarbeiten und somit den Export von Produkt- oder Markenfälschungen nach Europa einzudämmen. In Indien befindet sich ein solches System gerade im Aufbau.

Ein weiterer wichtiger Punkt ist die Informationspolitik. Wie bereits erwähnt, handeln auch Produktfälscher rational und gehen den leichtesten Weg. Ein Unternehmen sollte deshalb darauf achten, wertvolle Informationen über die eigenen Produkte nicht für jedermann zugänglich zu machen. Insbesondere detaillierte Produktbeschreibungen auf Webseiten mit hoch auflösenden Fotos laden Produktpiraten geradezu ein. Ebenso sollte der Messeauftritt genauestens geplant und durchgeführt werden. Kritische Produkte sollten nur einem ausgewählten Publikum vorgeführt werden.

Der Aufbau einer starken globalen Marke schützt ebenfalls vor Produktfälschungen. Der starke Markenname führt dazu, dass Kunden eher zu dem Originalprodukt als zu der unbekannten Kopie greifen. Als Beispiel können hier die Marke Aspirin von Bayer oder Coca-Cola genannt werden.

Wird neben dem Produkt auch die Marke imitiert, schützt diese Maßnahme natürlich nicht.

Zu den internen Maßnahmen zum Schutz von geistigem Eigentum gehören die Personalauswahl, die stetige technologische Entwicklung und die Auswahl der Produktionsstandorte.

Die Auswahl des Personals in den hier betrachteten Ländern China und Indien sollte sorgfältig erfolgen und an sensiblen Stellen im Unternehmen nur bedingt eingesetzt werden. Ein ausgeglichenes Arbeitsklima und eine gute Entlohnung fördern die Personalbindung an das Unternehmen und verhindern den Abfluss von Know-how. Die Zusammenarbeit mit konkurrierenden Unternehmen sollte den Mitarbeitern vertraglich verboten werden.

Für besonders kritische Bauteile kann es von Vorteil sein, diese in Deutschland zu produzieren und später in China oder Indien in das fertige Produkt einzubauen. Dadurch wird das Ausspähen von sensiblen Informationen durch lokale Mitarbeiter in China oder Indien weitestgehend verhindert.

Die stetige technologische Entwicklung der Produkte stellt die letzte hier vorgestellte Maßnahme zum Schutz von geistigem Eigentum dar. Die damit verbundenen kurzen Produktlebenszyklen führen dazu, dass Produktfälschungen nach kurzer Zeit veraltet und damit wertlos sind. Neben dem Schutz vor Produktfälschungen führt diese Strategie zu einem Wettbewerbsvorteil gegenüber (legalen) Wettbewerbern.

Abbildung 11 zeigt die hier vorgestellten Maßnahmen zum Schutz von geistigem Eigentum.

Abbildung 11: Überblick der Strategien zum Schutz von geistigem Eigentum (Quelle: eigene Darstellung)

Trotz präventiver Maßnahmen ist die Wahrscheinlichkeit für eine Rechtsverletzung in China oder Indien relativ hoch. Aus diesem Grund sollte sich ein Unternehmen bereits im Vorfeld über geeignete Gegenmaßnahmen im Klaren sein. Lokale Ansprechpartner (z.B. Rechtsanwaltskanzleien) können die Zusammenarbeit mit den Behörden unterstützen.

5.2 Zusammenfassung und Ausblick

Das TRIPS-Abkommen aus dem Jahr 1994 stellt die neueste Entwicklung auf dem Gebiet des Schutzes von geistigem Eigentum auf internationaler Ebene dar. Das Abkommen fordert bestimmte Mindestanforderungen für den Schutz von geistigem Eigentum. China und Indien sind Mitglieder der WTO und somit auch an das TRIPS-Abkommen gebunden. Die Umsetzung der TRIPS-Vorgaben in nationales Recht wurde ausführlich in den Kapiteln 3.2.1 und 3.3.1diskutiert. Zusammenfassend kann gesagt werden, dass die rechtlichen Rahmenbedingungen in China und Indien in weiten Teilen westlichem Standard entsprechen. Dass es im Vergleich zu Deutschland dennoch zu größeren Problemen in den hier betrachteten Ländern China und Indien kommt, liegt an den Problemen bei der Durchsetzung von Eigentumsrechten. In der Literatur werden zum einen die kulturellen Unterschiede als eine Ursache für die vorhandenen Probleme genannt. Das Verständnis für den Schutz von geistigem Eigentum ist in China und Indien längst nicht so stark ausgeprägt wie in Europa. Zum anderen erfolgte der Aufbau eines Systems zum Schutz von geistigem Eigentum, vor allem in China, innerhalb weniger Jahre. In Europa ist das Patentwesen, wie wir es heute kennen, seit dem 18. Jahrhundert bekannt und wurde seitdem stetig weiterentwickelt. Dieser Punkt sollte bei der Beurteilung des indischen und chinesischen Systems zum Schutz von geistigem Eigentum berücksichtigt werden.

Die Möglichkeiten zur Durchsetzung der Eigentumsrechte behandelten die Abschnitte 3.2.2 und 3.3.2. Neben zivil- und strafrechtlichen Vorgehensweisen besteht in China zusätzlich die Möglichkeit, Eigentumsrechte mit der Hilfe von Verwaltungsverfahren durchzusetzen. Die größten Probleme entstehen aufgrund von Lokalprotektionismus und Korruption (China) sowie durch die geringe Anzahl an gut ausgebildeten Richtern (Indien).

Das Experteninterview gibt einen Einblick, mit welchen Problemen ein deutsches Unternehmen in China konfrontiert wird und wie das befragte Unternehmen damit umgeht. Als größtes Problem stellte sich dabei der Nachweis der „Erstbenutzung" einer neuen Technologie heraus. Wie bereits mehrfach erwähnt, erfolgt die Anmeldung von Patenten in China nach dem „first-to-file"-Prinzip. Es ist also möglich, dass ein chinesisches Unternehmen eine Technologie kopiert und in China unter eigenem Namen anmeldet. Dieses Vorgehen kann nur durch eine frühere Anmeldung eines Patents in China durch den Originalhersteller unterbunden werden.

Aufgrund der begrenzten Zeit konnte im Rahmen der vorliegenden Untersuchung nur ein Unternehmen befragt werden. Für zukünftige Forschungsarbeiten würde es sich anbieten eine repräsentative Befragung deutscher Unternehmen durchzuführen, um die Entwicklung auf dem Gebiet der Eigentumsrechte in China und Indien abzubilden.

Literaturverzeichnis

APM. (2006). Aktionskreis Deutsche Wirtschaft gegen Produkt- und Markenpiraterie. Abgerufen am 13. April 2008 von http://www2.markenpiraterie-apm.de/index.php?lang=de&rid=3&pid=21

Auswärtiges Amt. (2007). China. Abgerufen am 13. April 2008 von http://www.auswaertiges-amt.de/diplo/de/Laenderinformationen/01-Laender/China.html

Auswärtiges Amt. (2007). Indien. Abgerufen am 14. April 2008 von http://www.auswaertiges-amt.de/diplo/de/Laenderinformationen/01-Laender/Indien.html

Bagchi, J. (2007). Intellectual Property Global and Indian Dimensions. New Delhi: Manas Publications.

Balakrishnan, B. (2007). Trade Related Intellectual Property Rights: An Overview. In S. Prakash & H. Chaturvedi, WTO, Intellectual Property Rights and Branding (S. 264-281). New Delhi: Ashkok Gosain and Ashkok Gosain.

Blume, A. (2004). Produkt - und Markenpiraterie in der VR China: Ausmaße, Recht & Rechtsdurchsetzung, Strukturen. Umfrageergebnis, Ludwigshafen.

BMWi. (2007). Maßnahmen gegen Produktpiraterie und andere Schutzrechtsverletzungen. Abgerufen am 13. April 2008 von Bundesministerium für Wirtschaft und Technologie: http://lexikon.bmwi.de/BMWi/Navigation/aussenwirtschaft,did=184996.html

BMWi. (März 2008). Schlaglichter der Wirtschaftspolitik - Monatsbericht 03/2008. Abgerufen am 12. April 2008 von http://www.bmwi.de/BMWi/Navigation/Wirtschaft/Wirtschaftspolitik/wirtschaftsfakten,did=237532.html

BMWi. (2008). Schlaglichter der Wirtschaftspolitik - Monatsbericht 03/2008. Berlin.

BSA. (2006). Business Software Alliance. Abgerufen am 11. April 2008 von http://w3.bsa.org/globalstudy//upload/2007-Global-Piracy-Study-EN.pdf

Büttner, W. (2006). Intellectual Property bei M&A-Vorhaben in China. In K. Lucks, M&A in China. Praxisberichte und Perspektiven (S. 90-102). Frankfurt am Main: Frankfurter Allgemeine Buch.

Chris, E. (März 2007). How to shake the Fakes. Engineering & Technology , S. 42-45.

DIE ZEIT. (24. September 2007). Klimapflege. Abgerufen am 13. April 2008 von http://www.zeit.de/online/2007/39/china-zypries

DIHK und APM. (2007). Studie des DIHK und des APM zu Produkt- und Markenpiratie. Abgerufen am 21. März 2008 von http://www.markenpiraterie-apm.de/files/standard/China%20Studie.pdf

Ennis, E., & Alaimo, R. (2007). China's 2006 IPR Review. The China Business Review , 16-18.

Europäische Kommission. (2006). Results from the European Border 2006. Summary of Community Customs Activities on Counterfeit and Piracy, Brüssel.

FICCI. (2004). About Us. Abgerufen am 13. April 2008 von Federation of Indian Chambers of Commerce and Industry: http://www.ficci.com/about-us/brief-profile.htm

Fuchs, H.-J. (2006). Piraten, Fälscher und Kopierer. Wiesbaden: Gabler.

Ghang, Z. (2005). Promoting IPR Policy and Enforcement in China.

Haag, W. (18. Juni 2005). Wirtschaftswoche. Abgerufen am 21. März 2008 von Wirtschaftswoche: http://www.wiwo.de/unternehmer-maerkte/schutz-vor-produktpiraten-104567/

Heilmann, S. (9. Februar 2006). Charakteristika des politischen Systems. Abgerufen am 14. April 2008 von Informationen zur politischen Bildung (Heft 289): http://www.bpb.de/publikationen/OE52TU,0,0,Volksrepublik_China.html

Heilmann, S. (2004). Das Politische System der Volksrepublik China. Wiesbaden: Westdeutscher Verlag.

Homburg, C., & Krohmer, H. (2003). Marketingmanagement. Wiesbaden: Gabler.

Hu Li, H. (2006). Piracy, Prejudice and Profit: A Perspective from US-China Intellectual Property Rights Disputes. Zhe Journal of World Intellectual Property , S. 727-746.

Hüttner, M. (1989). Grundzüge der Marktforschung. Wiesbaden: Gabler Verlag.

IFPI. (2006). International Federation of the Phonographic Industry. Abgerufen am 2006. April 11 von http://www.ifpi.org/content/library/piracy-report2006.pdf

Kremp, M. (06. März 2008). MP3-Razzia auf der Cebit. Abgerufen am 2008. März 25 von Spiegel Online: http://www.spiegel.de/netzwelt/tech/0,1518,539764,00.html

Kumar, R., & Philip, P. (2007). Intellectual Property Rights: Implications for the Indian Economy. In S. Prakash, & H. Chaturvedi, WTO, Intellectual Property Rights and Branding (S. 247-263). New Delhi: Ashkok Gosain and Ashkok Gosain.

Lauerer, M. (16. Januar 2008). Vorsicht, Datenverlust! Abgerufen am 23. April 2008 von Stern.de: http://www.stern.de/computer-technik/computer/:Gef%E4lschte-USB-Sticks-Vorsicht,-Datenverlust!/608036.html

Müller, N. (2007). Indisches Recht mit Schwerpunkt auf gewerblichem Rechtsschutz im Rahmen eines Projektgeschäfts in Indien. Braunschweig: Institute for International Business & Law.

Münzel, F. (kein Datum). Regeln zum Schutz von Computer-Software. Abgerufen am 8. April 2008 von http://lehrstuhl.jura.uni-goettingen.de/chinarecht/011220.htm

Narula, R. (5. September 2006). Intellectual property environment in India. Abgerufen am 2008. April 11 von rouse & co. international: http://www.iprights.com/cms/templates/articles.aspx?articleid=324&zoneid=2

Navaro, P. (2007). A thousand points of conflict: the dark side of Chinas economic miracle. Journal of Asia Pacific Business , 5-22.

NIPO. (2004). The Indian IPR Foundation. Abgerufen am 13. April 2008 von FICCI's National Initiative Against Piracy and Counterfeiting: http://nipo.in/ficciniapc.htm

People's Republic of China. (27. März 2002). SIPO. Abgerufen am 2008. April 1 von SIPO: http://www.sipo.gov.cn/sipo_English/laws/lawsregulations/200203/t20020327_33872. htm

rouse & co. international. (2007). brief guide to intellectual property in China. Abgerufen am 7. April 2008 von http://www.iprights.com/assets/pdf/CN_guidetoip.pdf

rouse & co. international. (2005). India – enforcement guide.

Siegriest, H. (2006). Geschichte des geistigen Eigentums und der Urheberrechte. Kulturelle Handlungsrechte in der Moderne. Bonn: Bundeszentrale für Politische Bildung.

SIPO. (11. Juni 2007). Applications for Three Kinds of Patents Received from Home and Abroad, 2000-2006. Abgerufen am 20. April 2008 von http://www.sipo.gov.cn/sipo_English/statistics/200706/t20070611_174616.htm

SIPO. (1992). The Patent Law of the Peoples's Republic of China. Beijing.

SIPO. (2005). White Paper on the Intellectual Property Rights Protection in China in 2004. Abgerufen am 2008. 4 2 von http://www.sipo.gov.cn/sipo_English/laws/whitepapers/200704/t20070406_150248.ht m

Spiegel Online. (18. Dezember 2007). Dalai Lama bedauert Merkel. Abgerufen am 13. April 2008 von http://www.spiegel.de/politik/deutschland/0,1518,524108,00.html

State Intellectual Property Office. (23. Juli 2007). SIPO: Overview. Abgerufen am 2007. April 1 von State Intellectual Property Office: http://www.sipo.gov.cn/sipo_English/about/basicfacts/overview/200707/t20070723_18 2116.htm

Tannert, N. (2007). Produkt- und Markenpiraterie in der VR China. Frankfurt am Main: Lang.

Wang, L. (September 2004). Intellectual property protection in China. The International Information & Library Review , S. 253-261.

Weber, K. (2002). Creifelds Rechtswörterbuch. München.

Whale, J., & Minford, L. (2008). Managing IP infringment: what to do when you get into difficulty. In J. Reuvid, Business Insights: China (S. 107-114). London and Philadelphia: Kogan Page.

Wikipedia. (1. April 2008). Geistiges Eigentum. Abgerufen am 8. April 2008 von http://de.wikipedia.org/wiki/Geistiges_Eigentum

WIPO. (2007). About Intellectual Property. Abgerufen am 8. April 2008 von http://www.wipo.int/about-ip/en/

WIPO. (23. Februar 1998). Convention Establishing the World Intellectual Property Organization. Abgerufen am 27. März 2008 von http://www.wipo.int/export/sites/www/treaties/en/convention/pdf/trtdocs_wo029.pdf

WIPO. (27. März 2005). Understanding Industrial Property. Abgerufen am 23. März 2008 von http://www.wipo.int/freepublications/en/intproperty/895/wipo_pub_895.pdf

WIPO. (10. Mai 2005). WIPO-Administered Treaties. Abgerufen am 7. April 2008 von http://www.wipo.int/treaties/en/

Yang, D. (2003). Intellectual Property and Doing Business in China. Amsterdam: Pergamon.

Yang, D. (2003). The development of intellectual property in China. World Patent Information, S. 131-142.

Yang, D., & Bosworth, D. (2002). The influence of the WTO on patenting activities in China. In C. Milner, & R. Read, Trade Liberalization, Competition and the WTO (S. 282-309). Cheltenham: Edward Elgar.

Anhang

Absolute Schutzhindernisse

- Fehlende graphische Darstellbarkeit
- Fehlen jeglicher Unterscheidungskraft
- Die Marke beschreibt lediglich die Art, Qualität, Menge, Zweck, Größen, geographische Herkunft oder Zeitpunkt der Herstellung der Waren oder Erbringung der Dienstleistung oder andere Merkmale der Waren/Dienstleistungen
- Marken, die nur aus Angaben bestehen, die gebräuchlich in der aktuellen Sprache oder im guten Glauben und Handelsbrauch geworden sind. Die Eintragung kann aber nicht zurückgewiesen werden, wenn die Marke vor dem Anmeldetag Verkehrsgeltung erlangt hat oder notorische Bekanntheit erlangt hat.
- Irreführungsgefahr
- Kränkung der religiösen Empfindungen der indischen Bürger
- Obszöner oder anstößiger Inhalt
- Verbot der Benutzung von Wappen und Namen
- Die Marke besteht ausschließlich aus den natürlichen Formen der Waren oder der Form von Waren, die notwendig sind, um ein technisches Ergebnis zu erzielen oder der Form, die Waren erheblichen Wert verleiht

Relative Schutzhindernisse

- Identität mit einer Marke mit früherem Zeitrang, welche die gleichen Waren und Dienstleistungen erfasst
- Identität mit einer Marke mit früherem Zeitrang, welche die gleichen oder ähnliche Waren und Dienstleistungen erfasst, sofern Verwechslungsgefahr besteht
- Schutzhindernis ist auch eine identische oder ähnliche Marke mit älterem Zeitrang, die für nicht ähnliche Waren und Dienstleistungen angemeldet ist, wenn die ältere Marke eine in Indien notorisch bekannte Marke ist und die Benutzung der jüngeren Marke einen ungerechtfertigten Vorteil gewährt oder die Unterscheidungskraft oder das Ansehen der notorisch bekannten Marke in unlauterer Weise ausnutzt oder beeinträchtigt
- Wenn die Benutzung der Marke in Indien aufgrund von gesetzlichen Bestimmungen, besonders aufgrund der Regelungen für nicht eingetragene Marken im Geschäftsverkehr oder aufgrund von Urheberrechten verboten ist

Abbildung 12: Absolute und relative Schutzhindernisse bei der Anmeldung von Marken in Indien (Quelle: eigene Darstellung in Anlehnung an (Müller, 2007, S. 28-30)

1) In welcher Form ist Ihr Unternehmen in China aktiv?

2) Welche Strategie verfolgt Ihr Unternehmen zum Schutz von geistigem Eigentum in China?

3) Warum ist es gerade in China wichtig, das geistige Eigentum deutscher Firmen zu schützen?

4) Ist Ihr Unternehmen in der Vergangenheit Opfer von Produkt- oder Markenfälschungen aus China gewesen? Falls ja, wie sind Sie dagegen vorgegangen, waren Sie dabei erfolgreich?

5) Wie beurteilen Sie die Möglichkeiten zur Durchsetzung von Eigentumsrechten in China?

6) Welche Hauptgründe sehen Sie für chinesische Firmen das geistige Eigentum deutscher Unternehmen zu verletzen? Ist das für Sie nachvollziehbar?

7) Kennen Sie deutsche Unternehmen, die derzeit gegen chinesische Unternehmen Klage wegen Verletzungen erheben?

8) Was kann der deutsche Staat tun, um deutsche Unternehmen beim Schutz vor Verletzungen zu unterstützen?

9) Welche externen Unterstützungsmöglichkeiten gibt es für Unternehmen?

10) Wie wird sich das Problem der Verletzungen von geistigem Eigentum Ihrer Meinung nach in der VR China in Zukunft entwickeln?

Abbildung 13: Leitfragen für das Experteninterview (Quelle: eigene Darstellung)